Auf der Flucht geboren

Dampfer „Pretoria“ / den 27. Januar 1945

Geburtsurkunde

Am 25. Januar 1945 / 17^{45} Uhr
wurde bei einer Überführungsfahrt
von Pillau nach Stettin
der Kurt Sigurd Schröder geboren.

Sohn des Gerichtsassessor Carl Hermann Schröder
und der Gudrun Schröder geb. Mindt.

Lessen
Kapitänleutnant
u. Abteilungskommandeur
1. U-Bootslehrdivision

Schauffel
Kapitän
D. „Pretoria“

Stunde Null und danach · Band 8

Bärbel Beutner

Auf der Flucht geboren

VERLAG GERHARD RAUTENBERG · LEER

Die Ablichtung der Geburtsurkunde auf Seite 2 stellte die Autorin zur Verfügung. Der Umschlag wurde unter Verwendung eines Bildes von Gerhard Gronefeld gestaltet.

Printed in Western Germany
Gesamtherstellung: Druckerei Gerhard Rautenberg, 2950 Leer
ISBN 3-7921-0318-4

Inhalt

Vorwort zur Reihe „Stunde Null"

Die Zeit ist endlos. Ihr Anfang und ihr Ende ist dem Menschen verborgen und unbegreiflich.

Es ist naheliegend, als Einheit für das Messen der Zeit die von der Natur angebotenen Unterteilungen zu wählen: den Lauf der Sonne und des Mondes.

Aber wo sollte ein Anfangspunkt gesetzt werden? Unterschiedlich nach Kulturkreisen und historischen Epochen wählten sich die Menschen „willkürlich" gesetzte Zeitpunkte, die der Beginn ihrer Zeitrechnung waren. Für das dem Christentum verpflichtete Abendland ist es die Geburt Jesu Christi, die nunmehr fast 2000 Jahre zurückliegt.

Aber immer wieder wird symbolisch der Begriff „Stunde Null" gewählt, um geschichtlich besonders einschneidende Ereignisse zu kennzeichnen. In ungezählten Veröffentlichungen aus jüngster Zeit wird immer wieder das Ende des Zweiten Weltkrieges als „Stunde Null" bezeichnet.

Aber wann soll diese „Stunde Null" geschlagen haben? War es in der Nacht von dem 8. auf den 9. Mai 1945, als die Kapitulation der Deutschen Wehrmacht gegenüber den Weltkriegsgegnern in Kraft trat? Oder war es wenige Wochen später, als die immer noch amtierende Reichsregierung unter Großadmiral Dönitz verhaftet wurde? Manch einer könnte jetzt einwenden, eben diese „Stunde Null" habe schon geschlagen, als im Jahr 1939 der Zweite Weltkrieg begann.

Wir wollen hier die „Stunde Null" als Symbol für das Beendetsein dieses wahnsinnigen Krieges begreifen. Für viele Menschen hat es nach dieser „Stunde Null“ keinen Neubeginn gegeben. Sie waren tot. Für viele Soldaten schlug die „Stunde Null“ bereits zu dem Zeitpunkt, als sie in Kriegsgefangenschaft geraten sind. Vielleicht war aber auch der Krieg für diese Männer erst beendet, als sie aus dieser Kriegsgefangenschaft entlassen wurden. Für manche war dies ja erst 1955 der Fall.

Viele Zivilpersonen, die das Herannahen und Hinwegrollen der Front überlebt haben, mögen dies als „Stunde Null“ begriffen haben, obwohl der Krieg im ganzen noch nicht beendet war.

In den einzelnen Bänden unserer Reihe „Stunde Null und danach“ wollen wir diese Zeit 1945 bis 1949 unter die Lupe nehmen. Wir sind weit davon entfernt, die Zeit ab 1949 als geordnet und in Ordnung zu bezeichnen. Genau genommen kann man auch dies vom Jahre 1986 noch nicht behaupten, denn immer ist der Zweite Weltkrieg noch nicht durch den offiziellen Friedensvertrag zwischen den Kriegsgegnern beendet worden. Zahlen und andere, weitergehende historische Angaben über die Jahre zwischen 1945 und 1949 kann man zur Genüge den Geschichtsbüchern entnehmen. Was Menschen aber tatsächlich in dieser Zeit erlebt haben, das können sie nur selbst berichten.

Wir hoffen, daß die Lektüre dieser Berichte und auch der folgenden Bände dazu dienen möge, die Bestrebungen aller Menschen zu bestärken, daß ein möglicherweise erneut drohender Weltkrieg verhindert werden kann.

Verlag
GERHARD RAUTENBERG

Vorwort

Ich bin als „Fluchtkind“ aufgewachsen und habe doch nie selbst fliehen müssen. Jahrzehnte meines Lebens verbrachte ich in der Enge und Geborgenheit einer westfälischen Kleinstadt, immer in dem Bewußtsein, daß das nicht der Ort ist, an den ich eigentlich hingehöre.

Ein „Fluchtkind“ wurde ich durch meine Geburt. Eigentlich sollte ich wie meine Geschwister in Königsberg zur Welt kommen. Zu unserer Zeit ging man schon nach Königsberg in die Klinik; meine Geschwister tragen Königsberg als Geburtsort in ihrem Paß und sind stolz darauf. Meine Großmutter brachte ihre Kinder noch zu Hause auf dem Hof zur Welt. Erst bei ihrer jüngsten Tochter hatte die neue Zeit Einzug gehalten, und sie war, so wie ihre Schwiegertochter später, zur Entbindung nach Königsberg gefahren.

Meine Mutter kam nicht mehr nach Königsberg bei ihrem letzten Kind. Der Russe stand schon jenseits des Pregels, Soldaten überall, Flüchtlinge überall, Beschuß und Flucht. An einem Vormittag Ende Januar 1945 fuhren sie los, kamen noch soeben heraus und gelangten nach Stolp, wo meine Mutter eine Adresse hatte, Aufnahme fand und entbinden konnte.

So wurde ich ein Fluchtkind, geboren an einem fremden Ort, mit dem uns nichts verband und der doch zu einem Rettungspunkt geworden war. Die Flucht ging weiter, und „zurück“ kamen wir nicht mehr. An meinem Geburtstag wiederholte sich Jahr für Jahr der Fluchtweg. „Heute vor soundsoviel Jahren gingen wir los... Dann kamen wir da und dort an... So lange ist es nun schon her!... An unserem Fluchtkind können wir immer sehen, wie lange wir schon von zu Hause weg sind...“

Ich wurde zum Chronometer, meine Geburt zum Wendepunkt, zum Einschnitt: „vor der Flucht — nach der Flucht“, „zu Hause — hier im Westen“, „damals — jetzt“.

Fast 39 Jahre nach Kriegsende berichteten die Zeitungen von einem bemerkenswerten Treffen: Kinder, die 1945 auf der „Ubena“ geboren waren, kamen nach Bremerhaven zur Taufe der neuen „Ubena“. Als zweiten Vornamen hatten sie seinerzeit den Namen des Schiffes erhalten. „Menschen, die sich noch nie zuvor gesehen hatten, die nicht einmal voneinander wußten, fühlen sich dennoch auf Anhieb beim ersten Treffen verbunden und nehmen sich fest vor, einander fortan nicht mehr aus den Augen zu verlieren. Was sie verbindet, ist ihr ungewöhnlicher Geburtsort, der 1957 abgewrackte Dampfer ‚Ubena‘ während der in der Geschichte einmaligen Seerettungsaktion von Flüchtlingen aus Ostpreußen gegen Ende des Zweiten Weltkrieges.“ So beginnt ein Bericht in der WAZ (Westdeutsche Allgemeine Zeitung) vom 17. Dezember 1983.

Der Gedanke, einmal verschiedene Fluchtgeburten und ihre Umstände aufzuzeichnen, war entstanden, denn eines ist ihnen allen gemeinsam: ob sie nun in einem Lazarett, in einer Klinik, auf einem Schiff oder in einem Eisenbahnwaggon geboren wurden: alle Fluchtkinder kamen fern von ihrer Heimat zur Welt, an einem zufälligen, fremden Ort, der ihnen meist nur zu einer kurzen Zwischenstation wurde. Und für ihre Mütter vervielfachten sich die Nöte, Ängste und Gefahren der Flucht.

Ein Aufruf im „Ostpreußenblatt“ im April 1984 brachte die erwünschte Resonanz: 25 Berichte kamen zusammen. Sie sollen hier möglichst unverändert vorgelegt werden. Meist erzählen natürlich die Mütter. Die Frist von vierzig Jahren erwies sich als zeitliche Grenze, denn die Erlebnisgeneration tritt ab. Doch die Erinnerung an das einschneidende Erlebnis, ein Kind auf der Flucht geboren zu haben, ist frisch geblieben; die Berichte enthalten mitunter kleinste Details. Da wurde ein vergessenes Fläschchen zur Katastrophe; da sorgte eine energische Hebamme an einem der bitterkalten Winterabende um zehn Uhr für einen Sanitätswagen; unmittelbar nach der Geburt flogen bei einem Fliegerangriff Fenster und Türen auf das Bett der Wöchnerin, die das Neugeborene mit ihrem Körper schützte; und auf einem Frachtschiff kam das erste Mädchen in der Kajüte des Kapitäns mit Hilfe zweier Tierärzte zur Welt. Jeder Bericht enthält eine Besonderheit, und erstaunlich ist die Situationskomik, die sich noch im größten Elend durchsetzte.

Man wollte überleben. Die doppelte Herausforderung, Flucht und Vertreibung und dazu noch die Strapazen einer Geburt, setzte wohl auch besondere Kräfte frei. Das Kind, das überlebte, das man „durchbekam“, wurde zum Zeichen neuer Hoffnung.

Doch viele Kinder und ihre Mütter haben nicht überlebt. Sie bleiben stumm. Die Mütter, deren Kinder erfroren, verhungerten oder an Seuchen zugrunde gingen, können sich auch nach vierzig Jahren nicht zu Wort melden; das Trauma ist zu nachhaltig. Im privaten Gespräch kommt das eine oder andere zutage: eine Frau versuchte ihr Kind mit Brennesselsaft am Leben zu erhalten; eine andere trug ihren erfrorenen Säugling noch tagelang mit sich herum. Dieser Mütter soll besonders gedacht werden, wenn man dieses Buch zur Hand nimmt, gerade deshalb, weil sie ihr Schicksal nicht zu Gehör bringen können.

Die Kinder, die überlebt haben, gehören heute zur „mittleren Generation“; sie haben ihren Platz im Leben gefunden. Es wäre einmal interessant zu untersuchen, wie sich die dramatischen Umstände ihrer Geburt auf ihren Lebensweg oder auf ihre Persönlichkeit ausgewirkt haben. Für die Psychologen fände sich da vielleicht ein Betätigungsfeld.

Doch es bleibt bei dem Kapitel „Geburt auf der Flucht“ bei der Hauptrolle der Mütter. Sie haben Übermenschliches ertragen und geleistet, und ihnen soll auch mit diesem Buch ein Dank ausgesprochen werden. Sie haben inmitten von Chaos, Zerstörung und Unmenschlichkeit neues Leben hervorgebracht. Sie haben, wie immer in der Geschichte, gezeigt, daß es die Frauen sind, die die größten Belastungen zu tragen haben, die aber offenbar auch über die größeren Kräfte verfügen. Ihre Berichte können heute und in Zukunft vielen Frauen Mut und Zuversicht geben, denn sie zeigen alle Beispiele von großer Tapferkeit und Lebensbejahung.

Die heimatvertriebene Dorothea, die in Goethes gleichnamigem Epos den einheimischen Herrmann heiratet, erklärt ihrem Bräutigam die Not und die Kraft der Frauen:

„Denn als Mutter, fürwahr, bedarf sie der Tugenden alle,
Wenn der Säugling die Krankende weckt und Nahrung begehret
Von der Schwachen und so zu Schmerzen Sorgen sich häufen.
Zwanzig Männer verbunden ertrügen nicht diese Beschwerde,
Und sie sollen es nicht; doch sollen sie dankbar es einsehn."

Bärbel Beutner

1. Bericht

von Herta Mattisat
früher Gumbinnen/Ostpreußen
jetzt wohnhaft in 8013 Haar

„Alles in Ordnung“ — sagte mein Arzt — „und das Kind wird Ende Juni kommen.“

Doch bereits am 15. Juni 1944 wurde meine Tochter bei Fliegeralarm mittags im Krankenhaus geboren. Es hatte Stunden gedauert, und nach einiger Zeit wußte auch ich, daß mir noch allerhand bevorstand, denn ich hatte hohes Fieber. Weil ihr meine Milch nicht bekam, sie immer mehr abnahm, wurde meine Tochter Ende Juni 1944 in die Kinderklinik nach Insterburg gebracht, was die damaligen Ärzte heimlich taten und mich einen ganzen Tag lang hinhielten.

Fliegeralarm, Fieber und Ungewißheit über Karin, wie ich meine Tochter nannte, dazu Angst um meinen Mann im Krieg, haben viel Kraft gekostet, und endlich wurde ich Mitte Juli 1944 ziemlich elend aus dem Krankenhaus entlassen. Unter dramatischen Umständen konnte ich am 29. Juli 1944 aus Insterburg meine Tochter nach Gumbinnen holen, wo ich wohnte, und nun begann die lange Odyssee!

Karin wog nach 6 Wochen immer noch 100 Gramm unter Geburtsgewicht, war wund um den Podex und hatte ein Schorfköpfchen — jämmerlich! Bereits am 4. oder 5. August ging es dann auf eine lange Flucht, zuerst mit einem Transport von Gumbinnen nach Mehlsack, wo wir zu Bauern aufs Land kamen. Ich erbat Aufenthalt bei einer Familie Mager in Layss/Mehlsack, weil Karin oft ärztlichen Beistand brauchte! Die Bäuerin, selbst vielfache Mutter, half, wo und wie sie konnte, ich bekam Milch, ein warmes Zimmer, wenns kalt war, und ich verdanke ihr sehr viel. Diese Zeit auf dem Land war so wunderbar, die nötige Erholung und Pflege für Karin waren gegeben, und auch für mich bedeutete es, daß ich wieder zu Kräften kam, und schon Ende November 1944 faßten meine Mutter und ich den Entschluß, ins Riesengebirge zu fahren, um dort das — Ende des Krieges —, wie wir meinten, bei einer bekannten Familie mit Hospiz zu überleben.

Krummhübel war damals Ausweichquartier des Auswärtigen Amtes Berlin, und dank meiner Schwesters Beziehungen erhielten wir von dort Gespanne, welche Gepäck transportierten, Name eines Schusters, der Stiefel reparierte usw. — Gottlob! Wir bekamen Holzstämme zugeteilt, ein Russe hackte, der in Kriegsgefangenschaft war, wir hatten zwei Zimmer, Küche und waren recht zufrieden, und als vor Weihnachten 1944 noch mein Vater aus Gumbinnen, wo er bis dahin bei der Postbehörde weilte, zu uns kam, waren wir glücklich. Doch leider mußten alle, die nicht dort wohnten, baldmöglichst weg. Wir trachteten, wieder nach Krummau zu kommen, und es gelang, ein Pferdefuhrwerk zu erbetteln. Auf dem Weg nach Krummau/Moldau brach eine Achse vom Pferdefuhrwerk, und der Fahrer setzte uns im Straßengraben ab. Er wollte seinen Freund mit einem neuem Pferdefuhrwerk schicken. Er traf auch tatsächlich ein, und der Freund beförderte uns dann weiter. Meine ganze „Überredungskunst“ und Geld brachte unterwegs keinen Bauern dazu, etwas Hafer oder vielleicht Stroh für die Pferde zu geben, da sie ja immerhin 11 km uns fahren mußten. Dazu kam noch, daß zwei Leute meine Tochter Karin, in eine Decke gewickelt als Bettenpaket ansahen und sie in Hohenelbe vom Lastkraftwagen und im Riesengebirge vom Schlitten, herunterwerfen wollten, was in letzter Minute durch einen gellenden Schrei von mir, glücklicherweise verhindert wurde. Also Aufregungen gab es immer genug!

Wir entschlossen uns im Januar 1945, nach Brückenberg zu ziehen, dann mit Ochsengespann nach der Adolf-Baude auf dem Riesengebirgskamm, dann nach Spindlermühle, Hohenelbe, wo wir noch von einem Bankdirektor freundlicherweise auf Sparkassenbücher von Gumbinnen je 1000 Mark erhielten, was man vielleicht als Rettung aus allergrößter Not bezeichnen kann, denn das Geld war knapp geworden. — Er sagte: „Ich lasse mich nach dem Krieg einsperren!“ Er half so spontan, was vorher keiner tat. Versucht hatten wir immer wieder, bei Banken Geld zu bekommen! Hoffentlich hat er ein gutes Schicksal gehabt.

Wir fuhren dann mit wenig Gepäck nach Krummau a. d. Moldau, ebenfalls mit Transport, und lebten in einer Schule, was man so leben nennt! Mütter mit Kindern mußten aufs Land. Hier erlebten wir das Kriegsende und sahen die Tschechen jubeln, sie schlachteten für die Russen ein Schwein usw., doch nicht lange, dann versteckten sie ihre Mädchen und Frauen, damit die Russen sie nicht sahen, und in einer einzigen Nacht brachten sich 9 Mädchen um, Nachrichtenhelferinnen, die dort evakuiert waren. Uns ist aber nichts geschehen, und wenn Russen kamen, so schrie Karin wie am „Spieß“.

So wohnten wir wieder in der Schule. Dort erkrankte mein Vater und verstarb im Krankenhaus. Anfang Juli 1945 wurde er dort beigesetzt, und ein Evangelischer Pfarrer aus Siebenbürgen betete am Grab mit noch 7 Personen, und dies war schon reichlich, weil wir doch niemand dort kannten.

Jeden Tag kamen neue Parolen auf, und einmal hieß es: Fahrt so bald wie möglich fort, denn die Tschechen siedeln alle Deutschen mit 30 kg Gepäck bald aus. Dies hieß auch für uns nur wenig Gepäck, und da wir einen amerikanischen Besatzungssoldat baten, einen Koffer ohne Kontrollen in den 56. Waggon zu tun, hatten wir nur Taschen, auf einen Stock gehängt, Rucksack und einen Koffer sowie den Kinderwagen und kamen fast unbehelligt durch die 4 Kontrollen der Tschechen. Dieselben hatten eine Aktentasche halbvoll mit Goldwaren bereits von Flüchtlingen eingesammelt, und mein Ehering war nur lose am Finger. Ich hätte ihn mit den Schuhen in den Sand eingetreten, falls sie auch den noch wollten! Mit Mutti mußten wir einen Kilometer mit dem Gepäck zum Zug gehen. Zu meiner Freude fand ich meinen Koffer dort vor, und es sollte nun abends losgehen. Dies geschah auch, doch „warfen" die Schornsteine heiße Holzreste in die offenen Waggons, und so wäre meine Tochter fast verbrannt. Unterwegs gab es wohl Aufenthalt, doch konnte man nichts kaufen noch kochen, denn unberechenbar fuhren die Tschechen nach kurzem Halt wieder los oder sie sagten uns, wir hätten Zeit, doch wenn man runterhopste, hieß es gleich wieder: Es geht schnell weiter!

Karin erhielt ich, indem ich ihr Brot vorkaute, im Mund Flüssigkeit warm machte und betete, es ist ein

Wunder, daß sie diese Zeit überstanden hat. Nach 2 Tagen und Nächten kamen wir in Furth a. Wald an und waren zu Tränen gerührt, daß wir wieder in Deutschland waren. Dann ging es nach Röthenbach/Pegnitz weiter, hier standen wir dann eine ganze Nacht auf dem kalten Bahnsteig und wurden morgens auf die einzelnen Familien verteilt. Erst nach Polizeieinschaltung konnte ich ein ungeheiztes Zimmer im August 1945 beziehen, doch später bekam ich eine Wohnküche, 3 Außenwände, zusammen mit Mutti, und so lebten wir nun zwar in Bayern, doch ohne Hoffnung und mit wenig Essen. Holz sammelten wir im Wald. Viel war es nicht, was wir noch hatten, doch wir waren soweit noch gesund. Gute Menschen schenkten ab und zu mal etwas für Karin, und wir „verbrachten" Stunden am Tag mit Anstehen, fast immer ohne Erfolg, wir wurden nicht satt, doch es war nicht zum Verhungern. Das Schlimmste war: Karin hatte keine Schuhe. Ein Polizist stellte wohl fest, daß sie einen Bezugschein bekam, doch Schuhe konnten wir nicht kaufen, angeblich gab es keine, doch später erzählte man, ein Schuhgeschäft hatte 1000 Paar nach der Währungsreform schon damals gehabt, doch verkauft haben sie keine an uns. Durch Tausch erstanden wir welche.

Durch vielerlei Glücksumstände konnte uns am 22. Dezember 1945 mein Mann in Röthenbach besuchen und nun kam die Sorge, wo und wann wir endlich zusammen kommen, denn er war im Allgäu. Auch dies gelang im März 1946 nach vielen Umwegen, die mich in 5 Bayern-Städte führten, weil ich immer einer Zuzugsgenehmigung nach Füssen hinterherjagte und zuletzt dann eine bekam. Karin hatte mit einigen Ausnahmen alles verhältnismäßig gut überstanden, doch allein blieb sie keinen Augenblick, erst mit 4 Jahren ging sie allein auf den Hof. Wir wohnten nun im Allgäu bis zum Jahre 1953 und konnten dann nach München ziehen, wo mein Mann bei einer Behörde tätig wurde. Karin war eine gute Schülerin. Nach Umzügen nach Rosenheim und wieder München, wohnen wir hier nun schon über 20 Jahre, und unsere Tochter hat einen guten Beruf und wohnt sogar in unserer Nähe, und wir sind sehr glücklich und auch dankbar.

Wir hatten also von 1944 bis heute 18 verschiedene Aufenthaltsorte. Meine Mutter starb im April 1954 in München.

Wieviel Angst, Verzagtheit, Tränen, Hilflosigkeit, Not und Schmerz uns diese Jahre gekostet haben, wird jeder selbst ermessen können, der Ähnliches überlebt hat.

2. Bericht

von Lita Adeberg
früher Pr. Holland
jetzt wohnhaft in 2432 Riepsdorf

Am 16. Oktober 1944 mußten wir unsere Heimat verlassen. Da ich eine große Familie hatte und selbst hochschwanger war, hatte ich schon länger vorgesorgt und jedem sein Pungelchen, das Nötigste im Rucksack gepackt. Ich wollte mit Pferd und Wagen fahren. Wir hatten ja soviel davon im Stall und wenn wir davon etwas bei uns hätten, wäre das Losreißen nicht so schwierig. Gedacht — getan. Die Wagen waren vorbereitet.

Wie sollte es mit Franzosen und Polen werden? Ich hatte keine deutsche Mannsperson auf meinem Hof. Meine sechs Kinder, der älteste 12 Jahre, der kleinste 1 Jahr, meine alte Schwiegermutter, 2 Pflichtjahrmädchen und ich, die ich bald selbst Hilfe brauchte. Kurzentschlossen warf ich alle meine Pläne um und fuhr mit dem letzten Transport für Mutter und Kind aus Heinrichswalde ab.

Was hatte ich nicht alles mitgenommen: Kinderbetten, das Babykörbchen, meine selbstgeknüpften Teppiche, die Nähmaschine, sogar den elektrischen Backofen. Niemals hätte ich das mit Pferd und Wagen transportieren können.

Und dann auf dem Bahnhof, restlos verstopft, das letzte Ende zu Fuß. Dann hatten wir noch irgendeine Kleinigkeit vergessen, die Jacke von meinem 8jährigen, war natürlich sehr wichtig. Endlich saßen wir in dem Zug, alles war untergebracht. Es war ja ein geregelter Transport, und ich war trotz aller Tränen froh, diesen Weg gewählt zu haben. Der Zug fuhr ab. Wir heulten uns beinahe die Augen aus. Auf jeder Station dasselbe bis Liebenfelde. Da blieb der Zug lange stehen, wollte nicht mehr weiter. Uns gegenüber mein Elternhaus. Meine Eltern, meine Geschwister, sie hatten keine Ahnung, daß wir so nahe waren. Wir wußten nicht, wann es weiter geht, wollten ihnen gern Nachricht geben. Ein Pflichtjahrmädchen stieg aus, lief hinüber und so hatten wir Verbindung.

Wir sollten bleiben, aber keiner wußte Genaueres. Mir war das zu unsicher, und so fuhren wir weiter bis wir am nächsten Tag in Saalfeld landeten. Hier wurde der Transport aufgelöst, und wir bekamen unsere Quartiere.

Wir kamen auf ein großes Gut in eine Arbeiterwohnung. Wir hatten Platz und störten niemanden. So waren wir es zufrieden. Leider dauerte diese Ruhe nicht lange. Wir mußten räumen, da die Pferdetrecks kamen. Also wieder alles einpacken, auf den Bahnhof und dann weiter. Wo werde ich mich endlich hinlegen können und mein Kind zur Welt bringen? Wir kamen nach Pommern, wieder auf ein Gut, Groß Radow im Kreis Regenwalde. Da wir so eine große Familie waren, wurden wir in einem großen Saal untergebracht. Es war sehr ungemütlich, da die Riesenfenster undicht waren und der alte Kachelofen dauernd unter Feuer stehen mußte.

Die seelische Belastung, all die Ungewißtheit, die sorgenvollen Augen meiner Schwiegermutter und mein Zustand, dem ich nicht entgehen konnte — zu gern hätte ich gewußt, wo ich meinen Kopf hinlegen konnte. Ich sollte ins Kreiskrankenhaus nach Regenwalde. Und so setzten am 16. November die Wehen ein. Der Gutsherr ließ mich mit einer Kutsche nach Regenwalde fahren. Es ging alles glatt, nur setzten die Wehen wieder aus. Da lag ich nun in einem schönen, sauberen Bett und mein Kind wollte nicht in diese Welt. Ohne Untersuchung schickte mich der Herr Doktor nach Hause. Aber wie? Ich konnte ja nicht bei meinen Herrschaften um eine nochmalige Reise bitten. Das Krankenhaus war am anderen Ende der Welt, und so mußte ich mit meinem Köfferchen in der Hand zu Fuß durch ganz Regenwalde tuckern. Wie war ich froh, daß ich noch einen Zug nach Groß Radow fand. Wie ein Dieb schlich ich mich in unseren Saal.

Keiner war mehr entsetzt, als unsere Oma. Im Augenblick war ich ihre größte Sorge. So schleppte ich mich durch weitere Vorwehen bis zum 20. Diesmal setzte ich mich in den Bummelzug, mein Pflichtjahrmädchen kam mit und wir fuhren nach Labes in ein Entbindungsheim. Es waren umfunktionierte RAD-Baracken. Unglücklicherweise saß ich auf der Heizung und wurde wunderbar durchgewärmt — und ich befürchtete schon, Labes nicht mehr zu erreichen. Wir wechselten die Plätze, und so schaffte ich es noch. In Labes auf dem Bahnhof kam dann schon das Fruchtwasser. Bis zur Baracke war es nicht weit. Das Mädel übergab mich dem Personal und nach 10 Minuten war unsere Sabine da — ein gesundes kleines Mädel, und ich lag in einem sauberen Bett in freundlicher Umgebung und nicht in einem Straßengraben.

Unsere Frieda erwischte noch einen Zug und konnte unsere Oma von ihrer größten Sorge befreien.

In Labes gefiel es mir sehr gut, besser als im großen Kreiskrankenhaus. Dort war alles so kalt, der einzelne Mensch zählte nicht. Hier in Labes kam auch ich endlich zur Ruhe. Das Pflegepersonal war freundlich und liebevoll, und mein Töchterchen und ich genossen diese himmlische Ruhe. Nach einer Woche ging es dann wieder nach Groß Radow. Die Kämpfe hatten sich in der Zwischenzeit beruhigt, und wir waren alle froh darüber. Sollte es nur eine kurze Atempause sein? Wir hofften und hofften auf ein baldiges Nachhausefahren.

Im neuen Jahr im Januar/Februar ging es wieder los. Wir sollten weiter. Die einheimische Bevölkerung wollte uns loswerden. Ich hatte keinen Schwung. Mit meinem kleinen Kind wollte ich nicht ins Ungewisse, dazu bei dieser Kälte. Am 1. März sollte sie getauft werden. Ich hatte meiner Familie ein kleines Fest vorbereitet. Und gerade an diesem Tag mußten wir weiter. Eine Einheit Soldaten, die in unserem Ort lag, nahm uns mit. Verteilt auf 4 LKW machten wir uns weiter auf den Weg. Meine Schwester mit 3 Kindern war noch dazugekommen. 10 Kinder, 1 Oma, 1 junges Mädchen und 2 Muttis. Ein junges Mädchen war zurückgefahren, ihre Eltern zu suchen.

Es war ein schöner Vorfrühlingstag. Wir saßen auf dem offenen LKW geduckt vor dem Fahrtwind. Wo wir waren, wußten wir nicht. Die Einheit fuhr auf einen großen Gutshof. Von einem LKW wurden unsere Sachen geworfen, die anderen fuhren in Scheunen. Wir mußten auch runter und uns eine Bleibe suchen. Nun ja, die fanden wir bald, da ja die Besitzer schon weg waren. Ich hatte keine Ruhe, lief hinter den Soldaten her und bat sie, uns in einen Zug zu setzen. Das war nicht einfach. Die hatten auch mit sich selbst zu tun, da wir unter Tieffliegerbeschuß lagen. Endlich fand ich einen, dem meine Bettelei satt war. Wir mußten wieder aufsteigen und wurden mit Sack und Pack zum Bahnhof gebracht. Da stand sogar ein Zug unter Dampf, und wir brauchten nur einzusteigen. Aber oh weh, keiner ließ uns rein. Alle Güterwagen waren voll besetzt, keiner öffnete die Türen. Nur in einem Waggon war es still. Bei näherem Untersuchen stellte sich heraus, daß der Wagen bis unter die Decke voll beladen war. Nur die Einstiegsluken waren noch frei. Noch eine Familie mit 2 Muttis und 3 Kindern lief herum. Wir überließen ihnen großzügig „unseren“ Waggon und suchten weiter. Nichts war zu finden. Wenn wir mit dem Zug mit wollten, mußten wir auch dazu steigen. Die größere Luke war nun aber besetzt, und wir kletterten mit unserer letzten beweglichen Habe — Soldaten halfen uns — schiebenderweise auf unseren Zuckerwagen. Das hatten die Kinder später herausgekriegt. Die Oma und die großen Kinder konnten auf den Säcken liegen, sitzen war nur vorne möglich, mein Säugling im Kinderwagen und die 5 Kleinsten konnten vorne sitzen, und wir Muttis mußten sie zu beschäftigen versuchen. Die Kinden waren ja schon einiges gewöhnt, und so ging alles gut. Für das kleine Geschäft hatten wir ein Töpfchen, nur das Ausgießen bei fahrendem Zug ging schlecht. Meine großen Jungens waren erfinderisch. Sie bauten uns von einem Stück Dachrinne einen Abfluß. So war das Problem gelöst.

Meine kleine Sabine merkte von all dem am allerwenigsten. Da ich alle meine Kinder nur sehr wenig stillen konnte, wußte ich, was mir bevorstand. Ich hatte mir Milchpulver besorgt, zu Anfang noch abgekochtes Wasser, dann ging es mit klarem Pumpenwasser. Nach jeder Mahlzeit machte ich die nächste Portion fertig und steckte sie mir in den Busen. Sie war dann soweit vorgewärmt, daß unser Sabinchen keine Leibschmerzen bekam. Die Windeln hängten wir an unsere Rinne zum Trocknen.

Zwischendrin hatte der Russe uns abgeschnitten. Die Schienen wurden freigekämpft, und wir konnten weiter. So fuhren wir einige Tage, bis uns endlich auf einem Bahnhof von einer Frauengruppe ein Teller Suppe angeboten wurde. Wo wir waren, ich weiß es nicht. Hier war unsere Fahrt auch zu Ende, und wir mußten in einem überfüllten Bahnhof auf den nächsten Zug warten. Meine großen Jungen kümmerten sich ums Gepäck, Oma, die 6 kleinen Kinder und ich fanden einen Platz bei Mutter und Kind. Wir freuten uns, uns einmal aufzuwärmen. Das Fläschchen sollte auch einmal richtig gewärmt werden. Da kommt einer von meinen Jungs angestürzt. Der Zug fährt gleich ab. Raus aus dem Bahnhofsgebäude über Köpfe, Arme, Leiber und Beine. Wir konnten auch gleich einsteigen. Da merkte ich, daß ich das Fläschchen vergessen hatte. Ich wollte sofort raus, das Leben meiner kleinen Tochter hing ja davon ab. Wer weiß, wann es wieder was gibt. Alle meine Kinder hängten sich an mich. „Mutter, du darfst uns nicht allein lassen.“ Dieses Elend rührte einen Soldaten, er sprang aus dem Zug und erreichte auch noch das Bahnhofsgebäude. Er mußte auf den fahrenden Zug springen und brachte mir das Fläschchen. Leider war es leer. Die Bahnhofshelferin hatte mir die Milch ausgegossen, weil sie sauer war. Es war ja Buttermilch, die ich meiner kleinen Tochter gab. Nun, das konnte keiner wissen. Ich war glücklich über das Fläschchen, das ich weiterhin an meinem Körper wärmte. Der Soldat bekam seine Zigaretten. Wir waren „Nichtraucher“ und konnten anderen damit eine Freude machen.

So sind wir eine Woche durch Pommern und Mecklenburg bis nach Schleswig-Holstein getigert. Das letzte Ende wurden wir schon versorgt. In Lübeck mußten wir den Zug verlassen und wurden zur Nacht in einer Schule untergebracht. Es war eine ruhige Nacht. Am nächsten Tag wieder in den Zug. Jetzt gab es schon Sitzplätze. Wir fuhren nach Süderbrarup, zur Nacht wieder in einer Schule. Am nächsten Morgen wurden wir auf unsere Quartiere verteilt.

Meine große Familie mußte sich teilen, aber essen konnten wir zusammen. Unser Leidensweg war beendet, und Sabinchen wuchs zu einem munteren Kind heran. Als mein Mann im September 1947 aus amerikanischer Kriegsgefangenschaft überraschend kam und wir uns weinend in die Arme fielen, lief sie schreiend zur Oma: „Omi, Omi, der Papa macht die Mutti tot.“

Sie blieb nicht die Jüngste, noch zwei kleine Schleswig-Holsteiner fanden sich ein, 1949 und 1952. Auch sie wuchsen heran.

Gewiß haben meine Kinder im Gegensatz zu heute viel entbehren müssen, aber alle sind tüchtige Menschen geworden und stehen im Leben ihren Mann. Ich bin stolz auf meine großen Jungs und dankbar, daß sie in der schweren Zeit mir so tapfer beigestanden sind. Allein hätte ich es nicht geschafft. Gott gab uns die Kraft.

Sabine machte die ländliche Hauswirtschaftslehre, und nach bestandener Prüfung ging sie in ein Kinderheim als 2. Köchin. Jetzt ist sie auch schon 15 Jahre verheiratet. Sie hat einen tüchtigen jungen Bauern geheiratet. Sie wirtschaften auf ihrem 50 ha großen Hof mit viel Lust und Freude. Drei Jungs hat sie. Der älteste wird jetzt konfirmiert. Der jüngste ist zwei Jahre. Ich wünsche ihr von Herzen ein Mädelchen, aber da hat wohl die Pille Schuld. Schade.

3. Bericht

von Oskar Wohlgemuth
geboren in Zinten
jetzt wohnhaft in 4200 Oberhausen

Auch in bin auf der Flucht am 5. Februar 1945 in Zinten geboren. Die Heimat kenne ich nur aus den Erzählungen meiner Mutter. Im folgenden lesen Sie einen Brief, den meine Mutter auf der Flucht in Danzig an Familie Belitz geschrieben hat. Mit 18 Jahren war sie ein Jahr als Haustochter bei Familie Belitz in Berlin.

z. Zt. Danzig-Langfuhr, den 5. III. 45

Liebe Frau und Herr Dr. Belitz

Wie war ich aber heute erstaunt, einen Brief von Ihnen zu erhalten; denn ich dachte, die Postverbindung nach dem Reich wäre unterbrochen worden. Nun bin ich außerordentlich froh, daß wir uns noch schreiben dürfen.

Wie war ich aber erstaunt und zugleich der glücklichste Mensch auf der Welt, als ich die Karte von meinem Mann in der Hand hatte, denn, lieber Herr Dr. Belitz, ich hatte die Hoffnung schon ganz aufgegeben, daß er noch am Leben sein kann. Nun bin ich froh, daß er noch lebt, irgendwo sich aufhält und an uns denkt. Gottlob, daß er aus Ostpreußen heraus ist. Hoffentlich hat mein Mann sich wieder bei Ihnen gemeldet, daß Sie ihm meine Adresse mitteilen konnten. Ich bin ja froh, daß die Karte Sie überhaupt erreicht hat, zumal mein Mann doch die Adresse nicht richtig geschrieben hatte. Ein bißchen hatte er doch wohl von Ihrer Anschrift behalten, weil er doch nun an Sie schrieb. Es kam alles so plötzlich, daß wir uns vorher nie darüber unterhalten hatten, und wer hätte auch gedacht, daß wir so getrennt und auseinandergerissen würden.

So danke ich dem lieben Gott wiederum, daß er gnädiglich alles führt, und vielleicht ist es möglich, daß wir mit meinem Mann wieder zusammenkommen. So danke ich auch Ihnen, lieber Herr Dr., daß Sie so freundlich waren und mir gleich mitteilten, daß mein Mann sich bei Ihnen gemeldet hat. Gewiß werde ich alles einmal wieder gutmachen. Vielleicht kommt mein Mann auch zu Ihnen, doch nur mit leeren Händen.

Jetzt erst weiß ich, wie mühsam das Leben in der Stadt ist, zumal wir ja nur von den Marken leben müssen. Mir tut nur leid, daß ich von Heinrikau nicht große Pakete mit Lebensmitteln an Sie verfrachtete; denn bei Ihnen wäre es am besten aufgehoben gewesen, und Sie hätten zum Essen gehabt. Später hätten wir uns dann etwas geholt, doch nun haben wir alles verloren.

Mein Mann wird ja erstaunt sein, wenn er hört, daß ich nur noch die Handtasche voll besitze, sonst haben wir nämlich alles verloren. Daß es so kommen würde, hätte ich nie gedacht. Mein Mann schrieb uns nach Heinrikau einmal: „Eßt ja nur, ihr werdet es später einmal behungern müssen.“ Und fürwahr, unser ganzes Hab und Gut ist weg. Ich denke, ich schrieb schon einmal, wie es uns bis jetzt erging. Doch ich will noch ein paar Zeilen davon schreiben. Es kann ja sein, daß mein Mann sich inzwischen bei Ihnen gemeldet hat. Vielleicht sind Sie, lieber Herr Dr. Belitz, so freundlich und schicken ihm auch diesen Brief zu.

Mein Mann wollte doch schon Weihnachten in Urlaub kommen, doch bekam er ihn nicht, weil er doch auch wieder welchen haben wollte, wenn das Kleine geboren wird. Nun wartete er immer auf die Botschaft, doch ich konnte ihm nicht schreiben, weil es sich immer verzögerte, obgleich ich fest hoffte, daß das Kind bis zum 20. Jan. da sein wird. Nun rückte die Front immer näher, und auch die einzige Hebamme von Heinrikau mußte heraus. Daher war ich gezwungen, ins Krankenhaus zu gehen. Man sagte mir, ich müsse nach Mehlsack, das sind 7 km entfernt, doch die Kinder schrieen, als sie das hörten. Sie blieben nicht gern alleine und wollten mit. Da packte ich reichlich Lebensmittel zusammen und wollte die Kinder privat einquartieren. Das nötigste Gepäck nahmen wir mit und ließen alles andere zurück. Meine Schwiegermutter hatte ich schon 8 Tage bei mir, die kam auch mit uns.

Nun in Mehlsack angekommen, wir fuhren mit dem Pferdeschlitten, sagte man mir, ich müsse nach Zinten, denn in Mehlsack sei Frontgebiet. So fuhren wir dann noch 28 km weiter. Es war ein starker Frost, aber trotzdem kamen wir abends noch an und bekamen auch gleich ein Quartier. Nun waren wir da 8 Tage, doch das Kind kam immer noch nicht zur

Welt. Ich wollte ja gern zurück zu unserem Wagen, doch ich konnte ja nicht.

Da auf einmal kam ein Bombenhagel über Zinten und zerstörte die ganze Stadt, und zu der gleichen Zeit kam auch mein Junge zur Welt. Als eine Ruhepause von einer Stunde eintrat, von 7—8 Uhr vormittags, konnte auch die Hebamme kommen, trotzdem der Junge ja schon 1 Stunde da war. Ich weiß nicht, was aus mir geworden wäre, wenn der Russe die eine Stunde nicht ausgesetzt hätte. Als dann die Hebamme gegangen war, ging der Terror von neuem los. Die Kinder hatte ich ja schon in der Nacht angezogen, nur ich lag im Bett. Da fielen auf einmal die Fenster und Türen auf mein Bett, auch die Decke und Wände platzten ab. Von dem Druck wurde ich in meinem Bett hin- und hergehoben. Die Kinder lagen auf dem Fußboden vor meinem Bett und schrieen: „Mutti, komm, komm!" Die Glassplitter flogen; ich hatte mich über mein Neugeborenes gebogen und flehte nur zum lieben Gott um Bewahrung und Kraft; und wunderbar hat er alles geführt. Das Blut stand still. Ich stand aus dem Bett auf und zog mich an, nahm mein Kleines und legte es in einen leeren Wäschekorb, der gerade vor unserer Türe stand. Da gingen wir auf den Hof in einen Bretterschuppen und warteten ab, bis der Angriff zu Ende war. Die Bomben krachten nur so, doch wunderbar hat der Herr gerettet. So saßen wir bis zum Nachmittag um 2 Uhr. Dann nahmen wir unser Gepäck, die Kinder nahm ich an die Hand, die großen trugen den Wäschekorb mit dem Baby. So gingen wir aus der Stadt.

Als ich einen Militärwagen sah, klagte ich denen mein Leid. Diese nahmen uns mit und fuhren uns einen Kilometer aus der Stadt heraus auf einen Bauernhof. Hier blieben wir bis zur Nacht. Ich bekam auch ein Bett und konnte mich nun ein bißchen ausruhen, trotzdem es krachte, denn der Terror ging ja in der Nacht weiter. Am anderen Tag fuhren wir mit den Soldaten auf offenen Panzerwagen bis Heiligenbeil. Die Fahrt war ja nicht schön, aber so waren wir doch wenigstens etwas weiter geflüchtet aus der Frontnähe. Auf einem Bauernhof blieben wir wieder zur Nacht, dieser war auch wieder mit Militär besetzt, und man wollte uns zuerst nicht aufnehmen. Doch ich ging zu den Offizieren und klagte mein Leid. Da gab mir der Oberstleutnant sein Bett und seine Stube, denn wenn mir nicht das Militär geholfen hätte, wäre ich umgekommen.

Am anderen Tag fuhren wir mit den Soldaten bis zum Haff. Hier übernachteten wir in der Schule. Trotzdem es am anderen Tag furchtbar regnete, mußten wir über das Eis, denn einen Tag später wäre es nicht mehr gegangen, da die Witterung lind war. Nun bettelte ich mich auf einem Flüchtlingswagen mit, doch die großen Kinder mußten laufen. Es war ja furchtbar, 10 cm Wasser und 15 km laufen. Doch auch hier kamen wir mit Gottes Hilfe herüber. Einmal brachen wir auch mit den Hinterrädern ein, doch es war eine Sandbank und wir waren gerettet, aber wie viele Menschen brachen da ein und gingen unter vor unseren Augen. Nun die Fahrt auf der Nehrung war nicht schön. Wir bekamen kein warmes Essen und Trinken. Nur vom Schnee lebten wir. Da wir noch etwas Brot hatten, ging es noch. Gestillt habe ich mein Kind auf offenem Wagen. Des nachts konnte ich auch einmal in ein Soldatenhaus gehen, und ein anderes Mal mußte ich in ein Funkhaus gehen, da die Straße von Wagen und Autos verstopft war. Das war furchtbar, die großen Kinder mußten draußen bleiben, dazu regnete es noch. Nun sollte es weitergehen, doch tausende von Wagen standen vor uns und konnten nicht weiter, zumal wir am Vortage nur 3 km gefahren waren. Nur stehen und stehen. Da sagte mir die Inhaberin des Wagens, ich solle die Kinder nehmen und zu Fuß bis Kahlberg gehen, denn bis dorthin seien es nur 3 km, denn des nachts mußten wir wieder draußen bleiben. Da die Kinder weinten und froren, bin ich dann auch losgegangen. Meine Schwiegermutter jedoch fühlte sich nicht wohl und blieb auf dem Wagen sitzen.

Als wir ein Stück gegangen waren, da zwang ich nicht mehr weiter. Ich sah große Autos kommen und bat wieder die Offiziere, die uns dann auch mitnahmen. So kamen wir bis Kahlberg. Hier bekamen wir kein Quartier, sondern mußten gleich in ein Schiff und fuhren nach Danzig noch am selben Abend.

Inzwischen kam auch der Wagen nach, hier hatte man nicht gesagt, daß ich im Schiff bin. So setzte man meine Schwiegermutter ab, und die wollte uns suchen, doch sie fand uns nicht. Da blieb sie dann bis zum anderen Tag und wollte sich auch mit dem Schiff verladen lassen. Doch nun hatte sie das ganze Gepäck auf einem Handwagen und keiner half ihr, dieses zu verladen. Es war schon Abend geworden. Auf einmal warf der Russe Leuchtkugeln, sie warf sich auf den Erdboden, als sie sah, daß keiner da war, lief sie auch weg, aber nur 5 Min., doch als sie wiederkam, war der ganze Wagen mit dem Gepäck gestohlen worden. Da waren unsere letzten Habseligkeiten und das Wertvollste, unsere ganzen Kleider und die schönen Eßwaren doch dabei gewesen. Mir tut es noch leid, aber was sollten wir machen? Meine Schwiegermutter konnte nun leicht ins Schiff hinein und wurde nach Danzig quartiert.

Durch die Zeitung habe ich sie nach einer Woche wiedergefunden. Nun lebt sie wieder bei uns. Wie lange wir nun hierbleiben werden, weiß ich nicht, wir sollen ja auch mit dem Schiff fortkommen. Uns ist ja auch bange, doch wir legen alles wieder in Gottes Hand.

Ob nun der Pole mitgeflüchtet ist mit unserem Wagen, weiß ich nicht. Ich habe schon angefragt nach Lauenburg und Stolp, doch dort ist jetzt ja auch Kampfgebiet. Auch um Ihre lieben Verwandten tut es mir herzlich leid. Ich hoffe aber, daß es nicht so schlimm ist, denn von Ostpreußen habe ich solche Greueltaten nicht gehört, da sollen die Russen noch Milch für die Kinder besorgen. Aber, ich meine, wir wollen alles dem lieben Gott überlassen.

Gebe der Herr, daß Sie, liebe Frau und Herr Dr. Belitz, nur beschützt bleiben und alles Gute Ihnen.

Ihre M. Wohlgemuth

4. Bericht

von Christl Abel, geb. Trusch
früher Königsberg-Tannenwalde
jetzt wohnhaft in 5340 Bad Honnef

1945! Fast 40 Jahre ist es nun her, und wenn ich die Augen schließe und meinen Gedanken freien Lauf lasse, dann ist alles so nah, so unvergessen.

Ich trug mein erstes Kind. Begriff nicht den Krieg, nicht die Gefahr.

Weihnachten 1944. Mein Mann wurde verwundet und bekam Genesungsurlaub. Er kam nach Ostpreußen. Der Januar, eisig, so wie wir es gewohnt waren — an einem Freitag — es kann der 21., 22. gewesen sein, erfuhren wir über den Rundfunk, wie nah der Russe sei. Wer kann, sollte versuchen rauszukommen.

Am Samstag ging es dann mit gepackten Koffern, eigentlich kein Abschiednehmen, zum Hauptbahnhof nach Königsberg, mein Mann, meine Mutter und ich mit meinem Kind, noch ungeboren. Im März sollte es kommen.

Es war fast kein Durchkommen. Menschen, Menschen, Menschen. Alles, das heißt, außer einem Bahnsteig, alles überfüllt. Da erst begriff ich. Da bekam ich Angst. Aber über der Angst standen die Menschen, die ich liebte. Sie waren ja bei mir. Ich war nicht allein.

Und dann, wir waren durch die Sperre gerade durch, hieß es, daß auf dem Bahnsteig 1 ein Sonderzug nach

Großenhain in Sachsen geht. Wir hatten Glück, sogar zweiter Klasse, warm. Die Luftangriffe verliefen ohne Schaden. Kleine Hindernisse, aber vom Roten Kreuz wurden wir bestens versorgt.

In Großenhain angekommen, bekamen wir, Mutter und ich, im Laufe der nächsten Zeit ein Zimmer in Moritzburg. Mein Mann mußte wieder an die Front.

Am 21. Februar wurde dann unser Junge Christian geboren. Man hörte die Einschläge wie Donnergrollen. Es folgten die Luftangriffe auf Dresden, und am 21. 4. sind wir mit dem Militär in die Tschechoslowakei geflüchtet. Ich hatte Angst — Angst vor dem Einmarsch der Russen. Es war eine harte, unsagbar leidvolle Flucht. Treplitz-Schönau war das Ende.

Um wieder aus diesem Land herauszukommen, habe ich viel unternehmen müssen, und dank zweier Tschechen ist es auch gelungen.

Wir haben bei allem noch Glück gehabt, auch für meinen Sohn. Auch da ein tiefes Danke an einen unbekannten Soldaten; er warf sich bei einem Tieffliegerangriff einfach über mein Kind. Und ein andermal nahm ein Ausländer mir einfach mein Kind aus dem Arm, rannte und rannte auf ein Stück Wald zu — so behielt ich unseren Sohn, neun Wochen alt. So ein kleines Bündel Leben.

1949 kam mein Mann aus Rußland. Ich habe noch vier Kinder dazu bekommen.

5. Bericht

von Gertraud Balduhn
früher Rodmannshöfen
jetzt wohnhaft in 2090 Winsen

Wenn ich einen Beitrag zu dem Thema „Auf der Flucht geboren“ leisten soll, so ist das mehr meine Geschichte als die unserer Tochter Friederike, die am 16. 2. 1945 nach meiner Flucht über die See in einem Kriegsmütterheim in Niendorf/Ostsee geboren wurde. Mein Mann wurde im Dezember 1944 zum Volkssturm eingezogen, ich lebte mit meinen Schwiegereltern und zwei unverheirateten Schwestern meines Mannes auf dem Gut Rodmannshöfen, 10 km östlich von Königsberg. Da der Hausarzt eine Steißgeburt diagnostiziert hatte, bemühte ich mich noch um eine Möglichkeit, in den Westen zu kommen. Doch vergeblich. Der Treckwagen stand gepackt, aber wir bekamen keine Erlaubnis, die Straße zu befahren, da diese für Truppentransporte in den Osten frei bleiben mußte.

Den Geburtstag meiner Schwiegermutter am 20. 1. 1945 feierten wir noch verhältnismäßig sorglos, denn wir meinten, daß die Russen schon wieder zurückgeschlagen würden. Mein Schwiegervater, im 80. Lebensjahr stehend und noch ganz „Kind des 19. Jahrhunderts“, vertraute fest auf die „Deime-Stellung“. Aber in den Tagen nach dem 20. wurden die Nachrichten immer bedrohlicher, der Geschützdonner kam immer näher, wir zogen uns zum Schlafen nicht mehr aus, um jederzeit bereit zu sein zur Flucht. Ein Treck aus der Memeler Gegend suchte bei uns ein Unterkommen, das Eßzimmer wurde zum Strohlager, ihre Kühe standen im Schneesturm bei eisiger Kälte im Freien.

Unsere Milch wurde nicht mehr abgeholt, wir hätten in Schlagsahne schwelgen können, aber die Angst nahm uns den rechten Appetit. Eine alte Lettin, die bei uns nähte, schlachtete fortlaufend Gänse, auch frisch gebackene Brote standen bereit. Wenn ich daran zurückdenke, so meine ich, daß unsere Situation doch direkt „verrückt" gewesen ist, aber man hatte in den Tagen wohl gar nicht den klaren Kopf, um über sich selber nachzudenken.

Am 26. 1. kamen deutsche Soldaten und wunderten sich, noch so alte Menschen wie meine Schwiegereltern und so eine hochschwangere Frau wie mich im „Frontgebiet" anzutreffen. Wir müßten schleunigst fort, erklärten sie, denn unser Haus würde nun Schußlinie für die deutsche Artillerie. Meine Schwiegereltern und Schwägerin benutzten eine Fahrgelegenheit über Neuhausen nach Königsberg, ich fuhr mit einem Koffer voller Kinderwäsche mit einem Feuerwehrauto nach Königsberg ins Krankenhaus der Barmherzigkeit, wo eine meiner Schwägerinnen kriegsdienstverpflichtet war. Die Nacht dort war gespenstisch: Fliegerbomben, Kanonendonner immerzu. Wir liefen in den Keller, dort waren Kranke untergebracht, auch die Insassen eines Irrenhauses (heute sagt man wohl besser: phsychiatr. Anstalt), dazu kamen Verletzte von der Straße. In den Zimmern wurden die Hitlerbilder entfernt. Man sah die hellen Flecke, die sie hinterließen (wie können eigentlich Hitlerbilder etwas Helles hinterlassen?).

Auf irgend eine Weise kam ich am nächsten Morgen zu einer Verwandten auf die Hufen, wo ich wieder mit meinen Schwiegereltern zusammentraf, und von wo aus wir uns bemühten, nach Pillau zu gelangen, da ja nur noch der Seeweg nach dem Westen offen war. Die Tieffliegerangriffe waren grausam. Trotzdem ging mein rührender Schwiegervater täglich in die Stadt und zum Hafen, um die Möglichkeiten eines Fortkommens zu erkunden. So auch am 29. 1., als plötzlich ein Trecker mit Anhänger von der Landgesellschaft auftauchte (mein Schwager Adam hatte ihn organisiert) und uns aufforderte, ganz schnell aufzusteigen, da er nach Pillau führe. Meine Schwiegermutter war in furchtbaren Gewissenskonflikten, sie wollte nicht mitfahren, da ihr Mann nicht zu Hause war, aber ihre weinenden Töchter stimmten sie schließlich um. Wir wurden also eiligst und grob auf den Anhänger gehievt und konnten auf Benzinfässern Platz nehmen. Und welch ein Wunder: in der Lawsker Allee sah meine Schwiegermutter plötzlich ihren Mann auf der Straße, konnte den Trecker zum Anhalten bewegen und ihren Mann aufladen. Es begann mittlerweile zu dunkeln, der Himmel war rot gefärbt, wir hörten Geschützdonner. Kalt war es, und es schneite. Die Straße war vereist, Soldatentransporte wollten vorbei: „Schmeißt doch den verdammten Treck in den Graben!“ hörte ich sie rufen. Gegen Morgen waren wir in der Gegend von Neuhäuser und wunderten uns, daß wir uns gar nicht vorwärtsbewegten, bis wir feststellten, daß der Trecker seinen Anhänger, auf dem wir saßen, abgekoppelt hatte. Er kam ohne uns wohl leichter auf der vereisten Straße vorwärts. Was nun? Gott sei Dank waren Lkw's eingesetzt, die die Flüchtlinge weiter nach Pillau brachten, uns in eine Fischfabrik, wo wir ein

Nachtlager fanden. Am 31. 1. wurde uns gesagt, daß wir mit einem Schiff nach dem Westen fahren könnten, und zwar mit der „Irene Oldendorff", die bereits leck durch einen Treffer aus Memel angekommen war. Zunächst standen wir mit vielen anderen wartend in der Nacht vor dem Schiff, da dieses erst Munition abladen mußte, dann endlich konnte es „gestürmt" werden. Natürlich war es überfüllt, hatte infolge des Treffers keine Funkverbindung mehr. Unsere Brote wurden uns alsbald gestohlen, und so hatten wir nur noch das Gänsefleisch zum Essen. Auch das kann einem über werden!

Am 2. 2. kamen wir nachmittags in Gotenhafen an, und der Kapitän erklärte, daß er mich nun nicht weiter mitnehmen könne, da seine Fahrt sehr ungewiß und außer einem Zahnarzt kein Arzt an Bord sei. Also stieg ich mit meiner Habe, einem Koffer voller Kinderwäsche, aus und stand da. Ein Militärfahrzeug hielt an und fragte, wo ich hin wolle. Das wußte ich nicht, deshalb schlug mir der Fahrer vor, mich ins Stadtkrankenhaus zu bringen. Dort fand ich ein Strohlager, mit Essen sah es schlecht aus. Wir suchten uns aus dem Abfall Kartoffeln heraus. Meine Schwiegermutter hatte mir noch die Adresse eines Verwandten mitgegeben, Kap. zur See Schellong, der in Gotenhafen für die U-Boote zuständig war. Seine Frau, die die Marinehelferinnen auf den Wohnschiffen betreute, besuchte mich rührenderweise und empfahl mir, auf der Marinedienststelle nach Schiffen zu fragen. Die sahen mich dort ganz mitleidig an und meinten, ich solle doch lieber in Gotenhafen bleiben. „Sehen Sie", sagten sie, „da drüben in der Halle liegen die Leichen von der „Gustloff". Aber ich wollte nur weiter in den Westen.

Eines Abends wurden im Krankenhaus die Schwangeren und Mütter mit kleinen Kindern aufgerufen, sie möchten sich bereithalten, für sie läge ein Schiff bereit. Mit Lkw's wurden wir zum Hafen gefahren zu dem Schiff. Es herrschte da aber Totenstille, und es war kein Mensch zu sehen. Wir riefen verzweifelt, wo denn die Besatzung sei. Da erschien ein Matrose (?) (ich weiß jetzt nicht mehr, was für ein Mensch es gewesen ist) und sagte, dieses Schiff sei für die Parteileitung reserviert. Also mußten wir alle wieder zurück ins Krankenhaus. Welche Verwünschungen da ausgesprochen wurden, kann sich wohl jeder denken.

Ich versuchte mein Glück wieder bei der Marinestelle und konnte am 8. 2. morgens an Bord des U-Boot-Begleitschiffes „Otto Wünsche" gehen, mit dem ich am 11. 2. in Lübeck ankam (der Stichtag für die Geburt war der 12. 2.) und wo ich von der noch intakten NS-Volksfürsorge (hieß es so?) empfangen wurde. Mein Ziel war eigentlich meine Mutter in Leipzig, aber davon wurde mir abgeraten wegen der bevorstehenden Geburt und wegen der vielen Tieffliegerangriffe. Also fuhr ich ins Kriegsmütterheim nach Niendorf/Ostsee, wo unsere Tochter, wie schon erwähnt, am 16. 2. völlig normal (ohne Steißlage) geboren wurde. Im Wochenbett erhielt ich Nachricht von meiner Mutter, daß sie völllig ausgebombt sei. So blieb ich noch bis zum 13. 3. in Niendorf und fand dann in Holstein eine neue Heimat.

Das U-Boot-Begleitschiff war natürlich auch überfüllt mit Flüchtlingen, aber die Besatzung hat sich ganz fabelhaft um uns gekümmert. Es ist ja allgemein bekannt, was die Marine in jenen Tagen für die

Zivilbevölkerung geleistet hat. Das sollte man nie vergessen! Ein Marinearzt war auch vorhanden, dem ich mein Problem der Steißgeburt vortrug. Geburtshilfe gehörte ja nun auch nicht zu seinem Spezialfach. Deshalb riet er mir, sobald er meiner ansichtig wurde: „Tun's sich nur net aufregen, tun's sich hinlegen!" Er war Süddeutscher und sicher heilfroh, als ich in Lübeck ausstieg, ohne ihn als Geburtshelfer beansprucht zu haben.

6. Bericht

von Elisabeth Dieckmann
früher Heiligenwalde
jetzt wohnhaft in 4750 Unna

In dem Kirchspiel Heiligenwalde, ungefähr zwanzig Kilometer südlich von Königsberg, arbeitete ich bei dem Domänenpächter Dr. B. als Kindermädchen. 1945, zum Zeitpunkt der Flucht, war ich neunzehn Jahre alt.

Das große Herrenhaus war schon seit Monaten mit Flüchtlingen überfüllt. Frau B. stammte aus dem Westen, d. h. ihre Verwandten wohnten „im Reich" und waren zeitweise nach Ostpreußen evakuiert worden. Dann lebten fast ein Dutzend Gäste mit im Haushalt. Als die Front näherrückte, hatten die Bewohner aus dem Reich Bescheid bekommen, in ihre Wohnorte zurückzukehren, und die meisten Verwandten von Frau B. hatten das auch schon 1943, spätestens 1944 getan. Nur ihr alter, achtzigjähriger Vater und ihre Schwester waren in Heiligenwalde geblieben und kamen dadurch mit auf die Flucht.

Die Flüchtlinge, die seit Weihnachten ins Haus kamen, stammten aus immer näherliegenden Orten. Monate vorher waren es noch Wolgadeutsche oder Deutsche aus der Ukraine; jetzt kamen Flüchtlinge aus Gumbinnen und Wehlau. So nah war also der Russe schon.

Unser größtes Problem: Frau B. war hochschwanger. Ende Januar sollte ihr drittes Kind kommen. Die zwei größeren Kinder, ein Junge und ein Mädchen, hatte ich seit Jahren betreut. Herr Dr. B. war die ganzen Kriegsjahre hindurch an der Front bei der Flak gewesen. Da er nicht Parteigenosse war, wurde er nicht freigestellt, obwohl er einen kriegswichtigen landwirtschaftlichen Betrieb hatte. Frau B. hatte bereits die Gefangenen, die auf dem Hof arbeiteten, weggeschickt; zwei Belgier und zehn Russen; an ihre eigene Flucht hatte sie erst zuletzt gedacht. Sie hatte den Gauleiter Koch, der sich auf dem Gut Popelken, also in unserer Nachbarschaft, aufhielt, telefonisch gefragt, ob sie den Hof verlassen dürfe, und zur Antwort bekommen, dann würde sie angezeigt und verhaftet.

Dennoch hatten wir gepackt und das große Gepäck vom Kutscher nach Königsberg bringen lassen. Von dort aus sollte es mit dem Zug nach Stolp gehen, wo Frau B. zur Entbindung zu ihrer langjährigen Frauenärztin wollte, die ihre Praxis einige Zeit vorher von Königsberg nach Stolp verlegt hatte.

Es war der 23. Januar 1945. Wir hatten eine Torte gebacken, denn am 24. hatte der Junge, der Ernst, Geburtstag und wurde neun Jahre alt. Im Haus liefen nur noch fremde Menschen umher. Überall lag Militär. In der großen Diele mit Treppenaufgang, in der in normalen Zeiten die Mahlzeiten eingenommen wurden, war ein Funkraum eingerichtet worden. Die Möbel hatte man hinausgetragen, überall standen Geräte, lagen Leitungen, wurde gemorst und gefunkt. In allen Zimmern campierten Soldaten. Der Russe schoß schon über den Pregel aus Groß-Lindenau. Fensterscheiben waren schon kaputt.

Ein Hauptmann der Wehrmacht erschrak, weil Frau B. noch da war. Er sagte ihr unumwunden, wie nah der Russe stünde und daß sie ihr Kind auf keinen Fall hier bekommen dürfte. Sie müßte auf der Stelle weg. Er organisierte einen Wagen vom Volkssturm mit Chauffeur, einen VW-Käfer, und befahl, Frau B., die Kinder und mich sofort wegzufahren. Wir erklärten, daß unser großes Gepäck in Königsberg sei, aber das war nun unwichtig. So wurde nur Handgepäck mitgenommen, der bereitstehende Entbindungskoffer, ein Teddy, der da lag, und die Geburtstagstorte. Frau B. packte in der Aufregung und unter Tränen Kleinigkeiten zusammen und nahm noch eine warme Decke mit. Am schwersten fiel der Abschied von dem kleinen Rauhhaardackel Purzel, den die kleine Erika, noch nicht ganz sieben Jahre alt, Weihnachten 1943 bekommen hatte. Nun stand sie vor dem Hauptmann, den Dackel auf dem Arm, der lang an ihr herunterhing, und fragte, ob er den Dackel mitnehmen würde. Er versprach es und hat es auch, wie wir nachher hörten, getan.

Wir stiegen in den VW ein, und der alte Vater der Frau B. und ihre Schwester blieben allein zurück. Sie sollten sich dem Treck anschließen. Es war Vormittag. Wir fuhren los, die Chaussee nach Königsberg war so gut wie verstopft. Die Flüchtlinge treckten Richtung Königsberg: Frauen, Kinder, Alte, Kranke, Mütter mit toten Kindern im Arm, und zugleich befand sich Militär auf dem Rückzug. Der Eugen, unser Fahrer, hatte einen Passierschein, den er vorzeigte, so daß er durch Lücken hindurchgelassen wurde. Bis Hohenrade ging es noch, dann wurde es immer schwieriger, und in Laut kamen wir auf der Chaussee nicht mehr weiter. Wir wurden gefragt, ob wir die Autobahn nehmen wollten, und da ohnehin keine andere Möglichkeit bestand, entschloß sich Eugen dazu.

Der Eugen raste. Der Erika war es übel. Sie saß vorn bei ihrer Mutter und brach von Zeit zu Zeit. Frau B. hatte bereits den Blasensprung, aber es kamen keine Wehen. Sie hatte Glück. Ein paarmal machten wir eine kurze Pause, weil uns pischerte. Es mußte einfach angehalten werden. Der Eugen drängte aber so sehr zur Weiterfahrt, daß man „unverrichteter Dinge" wieder einsteigen mußte. Später erfuhren wir den Grund für seine Eile: er hatte im Wald neben der Autobahn bereits russische Panzer gesehen!

Als wir gegen Mittag, vielleicht zwei Uhr, in Elbing ankamen, wollte man uns nicht mehr über die Hauptbrücke über die Elbe lassen, weil jeden Augenblick gesprengt werden sollte. Wir sahen schon Dynamit bereitstehen. Eine Notbrücke war für die Flüchtlinge und für die Verwundeten errichtet worden. Wir waren kaum über diese Notbrücke gefahren, als es hinter uns krachte: die Hauptbrücke ging in die Luft. Frau B. war am Ende ihrer Kräfte und überlegte, in Elbing zu bleiben. Doch der Eugen redete es ihr aus; der Russe sei zu nahe, sie müsse weg. Also ging es weiter ohne Pause. Es war unsere Rettung, denn am Abend stand der Russe in Elbing.

Spätabends kamen wir in Stolp an. Wir erhielten ein Quartier bei einer alten Frau in einem unheimlichen und dunklen Haus. Die Frau war sehr unfreundlich und bot uns nicht einmal Betten an. So mußten wir uns auf dem Teppich für die Nacht einrichten. Das Haus war schmutzig, überall liefen Scharen von Katzen umher, die Kinder weinten. Eugen verabschiedete sich und erklärte, er wolle zumindest versuchen, zu seiner Einheit zurückzukehren. Frau B. riet ihm, sich doch abzusetzen und in Sicherheit zu bringen, aber er bestand auf seiner Meldepflicht. Wir haben nachher nichts mehr von ihm gehört.

Frau B. konnte nicht mehr stehen noch gehen. Ihre Beine — sie litt seit der ersten Geburt unter Thrombosen — waren geschwollen, der Leib schwer. Mühsam versuchte sie sich auf dem Fußboden zurechtzulegen. Am nächsten Morgen suchte sie die Klinik und ihre Ärztin auf, die sie sofort dabehielt. Ich blieb mit den Kindern in dem düsteren Haus allein zurück, die Kinder fürchteten sich. Gegen Mittag kam die Ärztin, die eine langjährige Bekannte von Frau B. war, selbst in unser Quartier und erklärte gleich, daß wir da nicht bleiben könnten. Sie nahm uns mit. In ihrem Haus stand oben eine Wohnung leer. Die Inhaberin, eine Studienrätin, war geflüchtet und hatte alles zurückgelassen. Wir fanden alles vor, was wir brauchten: Betten, Küche, Bad und konnten während unseres ganzen Stolper Aufenthalts, fast vier Wochen, dort bleiben.

Das Kind, ein Mädchen, wurde am 27. Januar 1945 geboren, morgens um 11 Uhr. Seine Geschwister durften es im Säuglingszimmer kurz sehen, dann kam der nächste Fliegeralarm, und die Säuglinge wurden zu den Müttern gebracht. Am Nachmittag wurde das Kind schon getauft; bei den dauernden Angriffen auf Stolp wollte man nicht warten. Die Taufe fand im Krankenzimmer an Frau B.'s Bett statt, und die Kinder und ich durften dabei sein. Frau B. weinte herzzerbrechend. Die Ärztin tröstete sie, daß sie doch ein gesundes Kind habe, die Geburt überstanden habe und daß auch die anderen Kinder bei ihr seien. Aber Frau B. war in Sorge um ihren Mann und um ihre anderen Angehörigen. Das Kind erhielt den Namen Bärbel, auf Wunsch des Vaters.

Jeden Tag gingen der Ernst und ich zum Bahnhof, um unter den ankommenden Flüchtlingen Ausschau zu halten nach den anderen Verwandten. Und tatsächlich: eines Tages kamen der Vater und die Schwester von Frau B. an. Sie waren noch am selben Abend wie wir mit dem Treck von Heiligenwalde losgegangen und langsam bis Königsberg gekommen. Von dort waren sie mit dem Zug bis Pillau weitergekommen und dann zu Fuß über die Frische Nehrung gezogen. Mit Zügen waren sie dann bis Stolp durchgedrungen. Nun kamen sie müde, verschmutzt, aber wohlbehalten an. Fast gleichzeitig kamen die Schwiegermutter und die Schwägerin von Frau B., die jüngste Schwester von Herrn Dr. B. Sie hatte an einer Rippenfellentzündung krank gelegen, war immer noch nicht richtig wiederhergestellt und fühlte sich sehr schwach. Die alte Frau B., Anfang siebzig, nahm ihr Schicksal mit Gottvertrauen hin und machte uns allen Mut.

Am nächsten Tag, Ende Februar, teilte die Ärztin mit, es sei ein Telefonanruf gekommen, daß ein Lazarettzug nach Danzig fahre. In diesem Lazarettzug habe man einige Waggons für Wöchnerinnen und Mütter mit Kindern reserviert, weil der Russe schon vor Stolp stand. Wir packten. Wir fuhren mit einem Krankenwagen, wo zunächst nur Mütter mit Kindern mitgenommen werden sollten. Es gelang uns, daß alle mitkamen. Die Fahrt ging nach Danzig-Neufahrwasser, wo die Schiffe lagen. Der Russe stand schon unmittelbar vor Danzig. Danzig wurde schon von allen Seiten beschossen. Das Schiff, die „Potsdam", war eigentlich für den Verwundeten-Transport bereitgestellt. Deshalb sollten nur Mütter mit Kleinkindern mit. Frau B. weigerte sich, ihre anderen Kinder und mich zurückzulassen, und wieder gelang es uns, alle auf das Schiff zu bekommen. Während des Einladens verloren wir die Schwiegermutter und die Schwägerin von Frau B. aus den Augen. Dann hieß es, daß das Schiff gar nicht mehr ausfahren dürfe, der Russe sei bereits da und habe den Hafen gesperrt. Da gab es wieder Fliegeralarm. Viele Stunden stand das Schiff, nachdem schon abgelegt war. Schließlich hißte der Kapitän eine weiße Flagge. Das bedeutete: ansteckende Krankheit an Bord. Deshalb durfte das Schiff die 3-Meilen-Zone verlassen, und der Kapitän fuhr einfach los.

Vierzehn Tage dauerte die Fahrt nach Kopenhagen. Immer wieder mußten Minen geräumt werden, oder es kamen Fliegerangriffe. Frau B. hatte mit ihren Kindern eine Kabine, die anderen wurden auf den Decks verteilt. Junge Mädchen sollten bei der Pflege der Verwundeten helfen, also meldete ich mich auch. Das Baby bekam eine schwere Ernährungsstörung. Es gab keine richtige Babynahrung auf dem Schiff, nur einen Brei für größere Kinder, und die Säuglinge, die nicht gestillt werden konnten, wurden alle krank. Wir gaben ihm Tee, und zum Glück war Frau B. Kinderkrankenschwester. Sie fütterte das Kind stündlich mit ganz kleinen Mengen und erhielt es dadurch am Leben. Aber viele Säuglinge starben auf dem Schiff.

In Kopenhagen angekommen, mußten wir zunächst in eine Militärkaserne. Wir wurden wie Militär behandelt — es war ja noch vor der Kapitulation —, bekamen Geld, das die meisten gleich in Kuchen umsetzten. Sie gingen in die Cafés, aßen Kuchen und tranken Milch. Frau B. verbot uns das, denn nach den langen Wochen mit schlechter Verpflegung konnte man davon krank werden. Vor Kopenhagen ging es weiter nach Westerwyk. Dort wohnten wir in einem großen Hotel, das die Deutschen beschlagnahmt hatten. Auch Schulen wurden für die Flüchtlinge beschlagnahmt. Von dem Hotel zogen wir später in eine Turnhalle um. Bis Mitte März 1945 blieben wir in Westerwyk, die Erika „feierte" ihren siebten Geburtstag dort. Die Sterblichkeit der Säuglinge war ungeheuer hoch. Die meisten Kinder starben, weil sie nach der Schiffsfahrt, wo sie nur Tee bekommen hatten, gleich mit Vollmilch gefüttert wurden. Frau B. hielt Aufklärungsvorträge für die Mütter, aber dennoch starben die Kinder. In einer Nacht starben vierzig Säuglinge. Auch die Erika wurde schwer krank; sie bekam toxische Masern und lag sechs Wochen auf den Tod.

Bis Mai 1945, bis zur Kapitulation, blieben wir in Westerwyk. Dann wurden wir nach Agger verladen, wo man uns in völlig verlauste und verwanzte Soldatenunterkünfte brachte. Wir waren nun zum ersten Mal in einem Internierungslager, hinter Stacheldraht.

Bis zum Spätsommer blieben wir dort, dann ging es weiter nach Friedrichshavn, wo man mehrere kleine Lager zusammengefaßt hatte. Außer den Flüchtlingen lagen dort auch deutsche Soldaten. Es war Marine, die jetzt nach der Kapitulation als Minenräumkommandos eingesetzt war. Durch die Soldaten bekamen wir Kontakt mit Herrn B., denn alle vier Wochen wurden die Soldaten ausgewechselt und fuhren nach Deutschland. Mit „Tricks" brachten wir mit ihrer Hilfe Briefe und Nachrichten hinaus.

Im allgemeinen war das Leben im Lager erträglich. Die Verpflegung war passabel, es gab ein wenig Schulunterricht für die Kinder, die Soldaten organisierten Film- und Tanzabende, manchmal gab es auch einen Vortrag. Unsere größte Wohltat: endlich, nach Monaten unter schwierigen hygienischen Verhältnissen, einmal wöchentlich duschen zu können. Mit Posten und Scheinwerfern wurden wir in eine Schule geführt, wo es eine Gemeinschaftsdusche gab. Wenn ältere Damen unter der Dusche standen, machte es uns einen Riesenspaß, das kalte Wasser aufzudrehen. Es gab dann großes Gekreische und Flucht.

In Friedrichshavn trafen wir überraschend die Schwiegermutter und die Schwägerin von Frau B. wieder. Es war ein erschütterndes Wiedersehen. Frau B. betreute dann Kinder und Säuglinge und bekam nach einer gewissen Zeit einen Passierschein.

Im Dezember 1946 konnten wir das Lager verlassen. Wir waren die Ersten überhaupt. Herr Dr. B., aus englischer Gefangenschaft entlassen, hatte in Nordrhein-Westfalen eine Anstellung bei der Landwirtschaftskammer gefunden und konnte seine Familie herausholen. Er erwartete uns an der Grenze in Flensburg. Wir kamen zuerst bei einer Schwester von Frau B. unter und zogen dann in die Kreisstadt in Nordrhein-Westfalen, wo Herr Dr. B. seine Anstellung gefunden hatte.

Meine eigene Mutter und meine Geschwister überlebten ebenfalls die Flucht und landeten in Schleswig-Holstein. Aber mein Vater blieb vermißt. Er war zum Volkssturm eingezogen worden und nicht zurückgekehrt.

7. Bericht

von Ursula Büchele, geb. Hirsch
geboren in Pillau
jetzt wohnhaft in 4150 Krefeld

Ich wurde am 26. 1. 1945 auf der Flucht in Pillau/Ostpreußen geboren.

Meine Eltern wohnten damals mit meinen Geschwistern in Gutenfeld b. Königsberg/Ostpreußen. Da meine Mutter hochschwanger war, ist es nicht möglich gewesen, mit ihren 5 Kindern im Alter von 4–8 Jahren gemeinsam die Flucht in den Westen anzutreten.

Am 24. Januar wurde meine Mutter mit vielen Flüchtlingen auf dem Nordbahnhof von Königsberg verladen. Unter großem Artilleriebeschuß, denn Königsberg war schon Festung, sind meine Mutter und meine Geschwister mit vielen anderen am 25. Januar in der überfüllten Stadt Pillau eingetroffen.

Im Lager Schwalbenberg wurde ich am 26. 1. 1945 geboren. Meine Geschwister sind am selben Tag von meiner Mutter getrennt worden und kamen mit einer Nachbarin auf ein Minenräumboot mit unbekannten Ziel. Zwei Stunden nach meiner Geburt kam meine Mutter mit mir auf das Lazarettschiff „Lappland“, welches uns unter großen Strapazen nach Swinemünde brachte. Am Mittag des selbigen Tages wurden wir mit vielen anderen in einen Zug verladen, welcher erst bei Dunkelheit abfuhr. Keiner wußte wohin.

Nach Berichten von meiner Mutter waren diese Tage nur unter größten Strapazen, Ängsten, Kälte und Hunger durchzustehen, dazu die Sorge um meine Geschwister. Es hat lange gedauert, bis meine Mutter die anderen Kinder auf Umwegen wiedergefunden hat.

Nachtrag.

Am 26. 1. 1945 ließ in Pillau der Kompaniechef „von Murite“ seine Soldaten antreten, und sie suchten gemeinsam einen Namen für mich.

Die Kompanie entschied sich für Ursula Renate.

8. Bericht

von Liesel Harle
jetzt wohnhaft in 3578 Schwalmstadt

Als Schwester vom Roten Kreuz war ich als Leiterin eines Fronterholungsheimes bei einer Infanteriedivision auf dem Gut Großschirren südlich von Tilsit im Einsatz. Im Januar 1945 kamen wir bei dem Rückzug nach Königsberg, wo wir uns von der Division trennen mußten. Dort bekam ich dann vom Roten Kreuz den Auftrag, mit 20 Schwestern nach Pillau zu fahren und die Flüchtlinge auf den Schiffen zu betreuen.

In Pillau kamen wir in der Nacht an, wo wir in einer Waschküche unterkamen. Kaum, daß wir dort waren, wurden wir in ein Flüchtlingslager gerufen, ob es eine Schule oder Kaserne war, kann ich nicht sagen. Dort mußten wir gleich erfahren, daß eine Frau ein Kind erwarte, ein Koch, der dort arbeitete, hatte schon Wasser gekocht und aus Bettlaken hatte er schon Windeln gerissen, weil die Frau durch die Flucht nicht alles für das Kind mitnehmen konnte. Uns war das dort so unsicher, wie das ausgehen könnte, und so fragte ich im Saal, ob nicht eine Hebamme da sei, es meldete sich aber eine Gemeindeschwester. Wir waren dann dankbar, daß sie sich bereit erklärte, obwohl nicht sehr jung, bei der Frau zu bleiben. So ging ich mit noch einer Schwester in die Stadt, was durch die Verdunkelung recht schwierig war, und suchten einen Arzt, den wir bei der Marine fanden, und als wir zurück kamen, war das Kind schon da. Der

Arzt hat dann auch noch seine Pflichten wahrgenommen, und wir waren dankbar, daß er mit uns gekommen war. So ging die erste Nacht in Pillau schnell zu Ende.

Am Morgen mußten wir uns bei der NSV melden, auf dem Weg dorthin kamen wir im Hafen an dem Schiff Pretoria vorbei, wo wir auch den Kapitän trafen. Er sprach uns an, ob wir nicht auf sein Schiff kommen wollten zur Betreuung der Flüchtlinge, ich sagte ihm, daß das ja unser Auftrag vom Roten Kreuz sei, wir mußten uns aber erst bei der NSV melden. Wir ließen alle unsere Sachen schon bei dem Schiff, und noch eine Schwester und ich gingen zu der Dienststelle, dort sagte man uns gleich, daß wir in Pillau in die Lager gehen sollten. Ich konnte ihnen dann sagen, daß wir vom Roten Kreuz den Auftrag haben, auf Schiffe zur Betreuung zu gehen, und was anderes nicht in Frage komme. So sagten sie uns, wir müßten gegen 2 Uhr nochmals kommen, um das zu klären, am Nachmittag war von denen niemand mehr da. Nun war es klar für uns, und wir gingen auf die Pretoria. Auf diesem Schiff waren 1000 U-Boot-Fähnriche in Ausbildung und ca. 3000—4000 Flüchtlinge. Die Fähnriche versorgten die Menschen mit Kaffee und Suppen, und wir übernahmen den Sanitätsdienst. Als Arzt hatten wir einen schon kriegsbeschädigten (Beinamputation) aus Allenstein, dessen Namen ich nicht mehr weiß. Am nächsten Morgen liefen wir aus, wir fuhren vom 25. 1. 1945—30. 1. 1945 nach Stettin. Während dieser Tage wurden uns, soweit ich mich erinnern kann, 6 Kinder geboren. Leider weiß ich die Namen nicht, die man vielleicht durch die Ostpreußenzeitung erfahren kann. Nach der Geburt kamen unsere beiden Kapitäne, gratulierten der Mutter und brachten ihr die Urkunde mit. Diese Urkunden haben heute einen sicher besonderen Wert. Bei diesen Fähnrichen waren ja sehr geschickte Zeichner, und so war auf der Urkunde oben das Schiff Pretoria gezeichnet, darunter die Beurkundung mit Länge- und Breitengraden und der Standort des Schiffes auf dem Wasser. Und zur Freude bekamen die Mütter noch eine Flasche Sekt, und für die ersten Tage nach der Geburt gab es auch entsprechendes Essen für die Wöchnerinnen. Die Kapitäne sind ja in solchen Fällen Urkundsbeamte.

Unsere letzte Wöchnerin bekam noch Kindbettfieber, und dafür fehlten natürlich die nötigen Medikamente. So war die Aufregung groß, aber unsere Marine hatte noch Sekt, der dann zur Verfügung gestellt wurde, des Kreislaufes wegen. Gott sei Dank brachten wir alle Mütter mit ihren auf dem Schiff geborenen Kindern gut nach Stettin, wo sie vom Roten Kreuz abgeholt wurden und dort in die Klinik kamen.

9. Bericht

von Anneliese Krause de Gonzalez
geboren in Wüstenfelde
jetzt wohnhaft in 6470 Büdingen

Meine Zwillingsschwester und ich wurden am 28. April 1945 in Wüstenfelde/Pommern auf der Flucht geboren.

Unsere Mutter war mit unseren Geschwistern, damals 5 und 2 Jahre, auf der Flucht von Ostpreußen in den Westen. Der damalige Wohnort unserer Eltern war Beinuhnen (Masuren).

Unser Vater war bei der Reichsbahn und zuletzt auf dem Bahnhof in Beinuhnen als Beamter tätig.

Im Oktober 1944 verließ unsere Mutter Beinuhnen, da sich die russische Armee bereits bis Nemmersdorf durchgeschlagen hatte, und fand vorübergehend bei ihrer Schwester in Allenstein Zuflucht. Um den 20. Januar 1945 verließ sie auf Drängen unseres Vaters, mit dem sie noch täglich telefonierte, mit ihrer Schwester Allenstein (im 7. Monat schwanger!) und verbrachte die Nacht in der Bahnunterführung, während die Russen ununterbrochen den Bahnhof unter Beschuß hatten. Danach ging es zunächst mit dem Zug nach Königsberg. Für diese Strecke war sie fast eine Woche unterwegs. Ihr wurde dann angeboten, mit der „Wilhelm Gustloff“ die Überfahrt von Königsberg nach Stralsund anzutreten. Da jedoch ihre Schwester auf dem Schiff nicht aufgenommen werden sollte, verzichtete sie „Gott sei Dank“ und trat die Überfahrt mit dem Frachter „Deutschland“ an. Die Ausladung erfolgte dann im Februar 1945 in Swinemünde. Sie wurde auf einem Gutshof in Wüstenfelde Kreis Grimmen untergebracht.

Mittlerweile kamen die Eltern unserer Mutter nach. Der Kontakt zu unserem Vater war abgebrochen, obwohl unsere Mutter auf den Bahnhöfen, die sie passierte, ständig nach ihm fragte und auch in etwa ihre Zielrichtung hinterlassen hat.

Wir wurden dann am 28. April 1945 unter starkem Russenbeschuß geboren. Ich wurde durch meine Tante Anna entbunden, als meine Tante und unsere Mutter gemerkt haben, daß noch ein zweites Kind vorhanden war. Inzwischen ist dann auch die Hebamme eingetroffen, die dann meine Schwester zur Welt brachte. Zusammen wogen wir nur gute 7 Pfund, davon ich ca. 4, meine Schwester ca. 3 Pfund. Die Zwillingsschwester unserer Mutter erzählt heute noch davon, daß sie sich furchtbar erschreckt habe, als sie uns zwei arme Würmer das erste Mal gesehen hat. Da unsere Mutter nur für ein Kind das Allernotwendigste an Wäsche hatte, brachten hilfreiche andere Flüchtlinge noch einige Wäschestücke, so daß das Notdürftigste vorhanden war.

Unsere Nahrung bestand ausschließlich aus Muttermilch, nach vier Wochen bekamen wir dann noch Kartoffeln hinzu.

Unter den heutigen Voraussetzungen kaum vorstellbar!

(Man muß den Worten doch glauben, daß die Ostpreußen ein besonderer Menschenschlag sind.) Besonders tragisch mag es scheinen, daß unser Vater am 27. Mai 1945 im Marine-Lazarett in Stralsund, also ca. 5 km entfernt, seinen Verletzungen erlag. Leider hat unsere Mutter dies erst viel später erfahren, als sie die Todesnachricht bekam. Sie hätte die 5 km Fußmarsch sicher gerne auf sich genommen, wenn sie nur gewußt hätte, daß sich unser Vater in diesem Lazarett befindet.

Man kann dies alles im Nachhinein nur als sehr schicksalhaft bezeichnen. Unser Vater hat uns nie gesehen, und wir auch nie unseren Vater.

Unsere Mutter ist dann Ende Oktober 1945 aufgebrochen und in den Westen nach Hessen, nämlich nach Wolferborn, weitergeflüchtet, wo wir bis heute noch leben.

Von all den schrecklichen Taten, die unsere Mutter auf der Flucht miterlebt hat, sei hier nichts erwähnt, weil sie ja allen Flüchtlingen bekannt und in bitterer Erinnerung sind.

10. Bericht

von Brigitta Langemann
früher Königsberg
jetzt wohnhaft in 4902 Bad Salzuflen

Meine Tochter wurde am 15. Juli 1945 in Königsberg geboren, und zwar im Krankenhaus der Barmherzigkeit. Sie lebte genau vier Wochen.

Im Krankenhaus mußten wir jeden Tag erleben, daß vier bis fünf Säuglinge starben. Nach ca. zehn Tagen konnte ich mit meiner Tochter in unsere Notunterkunft, es war ein ehemaliges Büro. Ich hatte selbst keine Milch für sie, auch bekam ich nichts. Ich habe ihr dann aus Brennesseln Saft gekocht und ihn dem Kind eingeflößt. Ich hatte außerdem noch zwei Kinder, und wir bekamen pro Tag 200 Gramm Brot, das mußte für uns drei reichen.

Mit großer Mühe habe ich die beiden Kinder durchbekommen durch Betteln und was wir so in den Trümmern noch fanden oder auf den Feldern.

Ich glaube nicht, daß von dieser Zeit ein Kind am Leben erhalten wurde. Im Dezember 1947 sind wir dann nach dem Westen herausgekommen. Wir hätten es auch nicht mehr lange ausgehalten.

11. Bericht

von Hedwig Pohl,
früher Schmoditten
jetzt wohnhaft in 4504 Georgsmarienhütte

„Fürchte dich nicht,
glaube mir“ (Lucas 8, V. 50)

Vor 35 Jahren, am 28. 1. 1945, verließen wir unser schönes, warmes und gepflegtes Haus in Leidkeim, Post Schmoditten bei Pr. Eylau. Es war ja tiefer ostpreußischer Winter, ca. 25—30 Grad. Viel, viel Schnee. Wir hatten im Hause einen Sanitätsstab als Einquartierung, ich glaube, zehn oder zwölf Herren und Gefreiter Lehmann, der die Ärzte und Zahlmeister usw. betreute. Die andere Seite des Hauses war von Flüchtlingen aus Masuren belegt. Ein Gutsbesitzer-Ehepaar Dombrowski mit Tochter Charlotte Schmidt und Sohn Ulrich. Sehr liebe Leute. Wir hatten Silvester noch gemeinsam mit ihnen einige Stunden gefeiert und nicht geglaubt, so bald alles verlassen zu müssen. Die letzten Tage waren schon sehr unruhig, es kamen sehr viele fremde Soldaten vorbei, wollten was Heißes trinken und sich ausruhen. Es waren alles Soldaten, die einfach den Rückzug antraten, wer weiß, wohin. Tante Evchen war bei uns, sie sollte ja das Haus versehen, wenn ich in der Klinik war, da ich unser drittes Kind erwartete. Nachmittags saßen wir oft mit den Herren zusammen, Tante Evchen las dann aus der Bibel vor, und so ungefähr merkten wir, daß sich etwas über uns zusammenbraute. Dann kam der 27. Januar. Nachmittags kamen Dr. T. und der Zahlmeister zu mir und sagten: „Wir können nicht weg. Wir haben keinen Sprit für die Sankas." Da habe ich mit mir gerungen, ich hatte noch nie in meinem Leben jemand verraten. Ich sagte nach kurzem Überlegen: „Ich weiß, wo Sprit ist! Bei Dr. Mertens in der Scheune." Ich wußte es von Dr. Mertens selber, er war ja unser Nachbar. Sie bekamen Benzin für den Gutsbetrieb, und er hatte gehortet. Dann gingen der Zahlmeister und die Wache, wir hatten ja eine Wache vor dem Haus, und machten bei Mertens Durchsuchung. Was sie fanden, war genug für alle Sankas (das sind Sanitätsfahrzeuge). Dann sagte Dr. Wend: „Es ist doch möglich, daß wir wegmüssen, aber wir nehmen Sie mit raus. Packen Sie das, was nötig ist und was Ihnen vielleicht auch lieb ist, zusammen."

Gegen Abend sagte Dr. Wend: „Es ist alles gesperrt." Das Telefon funktionierte nicht mehr, ein Mast war vom Schnee eingebrochen. „Ich will versuchen, Ihren Mann nochmal holen zu lassen, damit er weiß, wo Sie sind, wenn wir hier raus müssen!" Vati war auf dem Verpflegungsamt in Pr. Eylau, ungefähr fünf Kilometer von Leidkeim entfernt. „Wir werden sagen, er muß kommen; die Geburt sei im Gange; sonst lassen die ja keinen heraus."

Die Ordonnanz machte sich auf den Weg und kam tatsächlich mit Vati zurück. Wir besprachen noch, daß wir uns auf jeden Fall bei Erna Pohl in Bremen melden wollten. Dann kam der Abschied von den Kindern und mir, denn Vati mußte ja schnell wieder zurück. Es war ja nicht so leicht, eine Frau, die in den nächsten Stunden ein Kind erwartete, und zwei kleine Kinder allein in dieser Unsicherheit von Krieg und Tod zu lassen. Als der Abschied vorüber war, kam Dr. Wend (er ist bereits kurz nach dem Krieg gestorben) und sagte: „Ziehen Sie den Kindern zweifach Kleider an und legen Sie sich noch ein bißchen hin!"

Ich ging noch in die Küche, Tante Evchen kochte unentwegt Kaffee für die vielen Soldaten, die hereinkamen und sitzen blieben, sie konnten oft nicht weiter. Bei uns war es warm. Im Keller waren ja zehn Zentner Koks und Weckgläser in Mengen. Unser kleines Hausmädchen Grete Keller hatte ich schon zu ihren Eltern geschickt. Abends kam dann ihr Vater in Volkssturm-Uniform und sagte, daß sie zu Hause ist. Die Soldaten, wie gesagt, lagen, saßen sogar im Badezimmer. Wenn ich aufs Klo wollte, mußte einer von den Offizieren kommen und sie hinausschicken. In der Küche lagen sie vor dem Herd und der Heizung, und man mußte buchstäblich über sie rübersteigen, so fest schliefen sie. Als ich dann hinausgehen wollte, kam ein Feldwebel zu mir und fragte, ob er Kaffee für seine Leute bekommen könnte. „Für welche Leute?" fragte ich. „Die hier die Gräben ausheben!" „Welche Gräben?" „Vor Ihrem Haus! Die Schützengräben!"

Da wußte ich so langsam, daß es ernst wurde. (Übrigens: unser Silber, die Ehrenpreise, Kristall und gute Wäsche hatten wir ungefähr vierzehn Tage vorher in eine Truhe gepackt, und Onkel Fritz hatte dieselbe im Garten in Althof vergraben. (Den Schlüssel hatte er mir gegeben. Er liegt in der Vitrine.) Ich legte mich dann angezogen ein wenig ins Bett, ich sagte zu Lehmannchen: „Im Keller ist noch Sekt. Den holen Sie mal rauf!“ Und unsere Herren feierten dann noch Kaisers Geburtstag.

Dann wurde es still, und ich höre noch den Schritt der Wachen, die ums Haus und im Haus patroullierten. Dann, es muß gegen Mitternacht gewesen sein, erregte Stimmen vor dem Haus, die Wachen wollten niemanden hereinlassen. Es war aber Dr. Mertens, er kam und wollte mit dem Zahlmeister reden, weil er das Benzin genommen, d. h. beschlagnahmt hatte. Er konnte ja nichts ausrichten, die Tanks waren ja voll. Ich weiß nicht, wieviel Sankas es gewesen sind, vielleicht drei oder vier. Dann hörte ich nahen Kanonendonner und den Schlachtenlärm, der immer näherkam. So gegen vier Uhr kam Dr. Wend und sagte: „Frau Pohl, es ist soweit, die Russen sind in Mühlhausen! Wir müssen hier raus!“ Sie hatten dem Vati versprochen, daß sie seine Frau aus der Front mit rausnehmen. Trotz allem war noch eine Episode dabei. Schmidtchen und ihre Eltern hatten sich ja auch angezogen, aber ein wenig geschlafen; als es dann zum Aufbruch ging, steht Frau Schmidt auf, und neben ihr lag in voller Montur ein Unteroffizier. Der Mann wachte auch nicht auf; er war so müde und erschöpft. Die Ärzte nahmen die Kinder auf den Arm, Dr. Wend faßte mich unter und sagte: „Frau Pohl, denken Sie auf keinen Fall, es geht jetzt in die Klinik. Das Kind muß bleiben, wo es ist. Da ist es noch am besten aufgehoben.“ Die Wache stand stramm und meldete, und wir gingen hinten hinaus.

Das war am 28. 1. 1945. Dann sah ich, daß Mühlhausen brannte; unsere Straße war von Panzern niedergewalzt. Es war draußen schneehell, und es war, als ob die Hölle losgebrochen wäre, so tobte der Schlachtenlärm. Meine Gedanken: Wenn Gott dich noch lebend hier herausführt, willst du nur dafür sorgen, daß die Kinder was lernen, d. h. in eine gute Schule kommen. Nun sah ich, wie vergänglich alles war. Der Gedanke, die Russen sind hinter uns her, verdrängte alle Wehmut. Jetzt habe ich Zeit zum Weinen, da ich hier am Schreibtisch sitze und alles vor mir abrollt wie ein Film. Die Ärzte hatten einen Sanka für uns freigemacht, für Tante Evchen, die Kinder und mich. Später — wie, weiß ich nicht — kam noch ein verwundeter Pole zu uns. Nach kurzer Zeit setzte sich die Kolonne in Bewegung. Die Kinder waren wach. Brigitte war ganz still, aber Martin sang immer: „Jetzt fahren wir in die Welt!“

Wir fuhren an Nachbar W. vorbei, da war alles durcheinander, dort war der Stab der Heeresleitung unter General Lindner. Ich sah nur Kradfahrer und Wagen. Unsere Chaussee, die sonst so gepflegt und gut zu befahren war, war schon ein Chaos. Schnee in Mengen, von den vielen Fahrzeugen niedergewalzt und nicht geräumt. Es war schon ein schlechtes Durchkommen. An den Seiten waren Schneewände hochgetürmt.

Wir fuhren an Pr. Eylau vorbei, vorbei am Verpflegungsamt, wo Vati in großer Sorge um uns arbeitete. Er leitete die ganzen Transporte. Frau Schmidt hatte sich mit ihrem PKW (VW) angehängt und kam mit. Die Strecke, die sonst mit einen PKW in einer halben Stunde bewältigt werden kann, ließ sich von uns nur in mindestens sechs Stunden zurücklegen.

Dann, so gegen elf Uhr, waren wir in Stablack. Die Männer suchten Quartier, das bald gefunden war, denn die Häuser und Wohnungen waren ja leer. Stablack, früher Truppenübungsplatz, hatte ja eine Munitionsfabrik unter der Erde, dazu ein großes Lazarett. Jedenfalls hatten wir eine Wohnung. Wir sollten auch alle zusammenbleiben. Schmidtchen kochte für alle Kartoffelsuppe, denn Kartoffeln waren wohl im Haus, und vorläufig hatten wir noch Eßbares. Allerdings: als wir ausstiegen, war ein ganzer Sack mit Vorräten, die wir mithatten, und ein Koffer gestohlen worden. Wir hatten ja unterwegs oft anhalten müssen, und die Landser hatten Hunger. Mir war bis dahin nie der Gedanke gekommen, daß gestohlen werden könnte.

Noch ein Nachtrag: Einen Tag, bevor wir das Haus verließen, war unser Hund, unsere „Centa", ein bildhübscher Boxer, verschwunden. Ich nehme an, die Soldaten haben sie mitgenommen.

Dann wurde es Abend, wir saßen und lagen auf der Erde. Da kam Dr. Wend und sagte: „Ich habe ein Bett für Sie!" Er legte sich vor die Tür auf die Erde. Bis zum 30. 1. hockten wir dann da, und es war kein Rauskommen möglich, denn es war ja kein Benzin da. Da kam morgens Dr. Wend und sagte: „Wir haben Befehl, näher an die Front zu gehen. Wir können Sie nicht mehr mitnehmen. Ich habe einen Lastwagen gefunden, der bringt Sie zu Ihrem Mann zurück nach Pr. Eylau." Wenn ich es heute so bedenke: es ging alles so über mich hinweg, wie man es sich heute nicht mehr vorstellen kann.

3. 2. 1980. Evis Geburtstag.

Nun fuhren wir mit den Kindern und dem, was wir noch hatten, nach Pr. Eylau. Was sollte dort werden?

Es hieß, die Russen sind in Mühlhausen aufgehalten. Kurz und gut: wir kamen am Verpflegungsamt an. Das erschreckte Gesicht und natürlich auch die Freude von Vati kann man sich vorstellen. Die Front vor der Tür — und dann kamen wir. Der einzige Ausweg war: ich mußte zu Kells, wenn die noch da sein sollten. Meine Schwägerin Müller war nicht entzückt, als wir kamen. Die Saubersten und Fröhlichsten waren wir längst nicht mehr. Ich werde es nicht vergessen: als ich die Kinder ausziehen wollte, mußte ich mit ihnen auf den Flur wegen des Schmutzes und der Teppiche. Da packte mich doch die Wut, und ich sagte zu ihr: „Na, du hättest mal unser Haus in Leidkeim sehen sollen! Ich konnte nicht mal aufs Klo, wenn ich es wollte." Jedenfalls blieben wir dort, und im Eßzimmer wurde tatsächlich ein Bett für mich aufgestellt.

Dann am Morgen, so um fünf Uhr, hörte ich meinen Schwager mit Dr. Krech, dem Chefarzt des Krankenhauses, telefonieren: „Können sie meine Schwägerin, die in den nächsten Stunden niederkommt, aufnehmen?" Ich hörte nur: „Nein!" Dann wurde abgehängt.

Eins wußte ich nur: ich wollte mich nicht von den Kindern trennen. Das war wieder eins von den Wundern, die wir erlebten. Später erfuhren wir es. In der Nacht, als Evi geboren wurde, also vom 2. zum 3. Februar, wurde das Krankenhaus in Pr. Eylau von den Russen bombardiert, und bis auf zwei Überlebende war alles umgekommen. So wären wir auch mit dabei gewesen. Dr. Krech und Dr. Quednau, unser lieber alter Hausarzt, hatten sich schon das Leben genommen.

Nun mußten wir weitersehen. Da kam Erwin mit der Nachricht, Stablack solle Rotkreuz-Gebiet werden. „Da wäret ihr am sichersten." Dann kam Vati noch kurz vorbei. Er war noch einmal bis Leidkeim gefahren und hatte die Bilder geholt, die uns lieb waren. Es waren Rötelzeichnungen, Bilder von meiner Mutter und meinem Vater und ein Ölbild von einem meiner Lieblingspferde. Die liegen nun da oder sind in der Sparkasse verstaut. Vati erzählte, wie schon alles verwüstet war. Ich konnte es gar nicht fassen, daß so etwas möglich ist.

Vati besorgte einen Laster, der uns nach Stablack fuhr. Der Mann setzte uns dort in einer menschenleeren Siedlung ab und fuhr weg. Nun zogen wir wieder in eine leere Wohnung, es war der 31. 1. 1945. Wir richteten uns ein bißchen ein und konnten auch ein wenig ruhen. Aber ich? Was geschieht mit mir? Ich ging hinunter und sprach mit einer Frau, die sagte: „Da im Lazarett sind noch Ärzte und Schwestern. Gehen Sie doch mal dahin." Also nahm ich die Kinder und Tante Evchen und ging den Weg dorthin, mindestens eine halbe Stunde durch den Schnee. Ich hatte ja so dick geschwollene Füße, daß mir kein Lederschuh paßte, die Stiefel hatte ich in Leidkeim vergessen.

Tatsächlich war dort im Lazarett alles geräumt, nur noch Verwundete, die von der Front kamen, wurden dort verbunden. Es war sogar noch eine Hebamme, Frau Klunkes dort. Dann kam der Chefarzt Dr. Johannes und sagte: „Sie können hierbleiben, aber die Kinder nicht!" Ein Pfarrer kam auch.

„Sehen Sie", sagte er, „so ist es Maria auch ergangen. Sie wußte auch nicht, wo sie ihr Kind lassen sollte."

Am 2. 2. ging ich dann wieder ins Lazarett. Nachmittags kam Tante Evchen mit den Kindern. Die Kinder waren so müde und konnten kaum mehr laufen. Man muß sich einmal vorstellen: es waren doch kleine Kinder von vier und fünf Jahren, die gepflegt und versorgt worden waren — und nun fern von zu Hause, keine gewohnte Pflege und nichts Vernünftiges zu essen. Die Kinder machten schlapp. Da kam Frau Klunkes, die tatsächlich einen Orden verdient hätte, und sagte: „Lassen Sie die Kinder hier! Sie sind zusammen, und die Betten sind leer."

Wir legten uns in ein Krankenzimmer mit einigen Betten, und gegen 11 Uhr begannen die Wehen. Die Kinder schliefen, und ich wanderte hin und her und dankte Gott, daß ich die Kinder bei mir hatte. Dann kam Frau Klunkes und nahm mich in ein anderes Zimmer. Da lag noch eine junge Frau. Ich sah nur die Christbäume am Himmel, Phosphorbomben, die der Russe abwarf, und hörte die Stalinorgel. Ein Sanitäter kam mit einer Kerze und einer Taschenlampe, dann kam der Doktor und mußte schneiden, alles ohne Betäubung. Ich hatte immer schwere Geburten, es mußte zum dritten Mal ein Dammschnitt gemacht werden. Ich wußte nicht, wovor ich mich mehr fürchten sollte, vor den Tannenbäumen der Russen und der Stalinorgel oder vor dem Schnitt ohne Narkose. Nun, der Doktor schnitt, das Kind kam, ich merkte es vor lauter Angst und Aufregung schon gar nicht mehr, und unsere Tochter Evamaria, ein kleiner Flüchtling, war geboren.

Nun kam die Nachgeburt nicht, und als ich dem Doktor sagte, daß sie beim vorletzten Kind auch angewachsen sei, meinte er nur: „Auch das noch!“ Der Schnitt bei mir war der erste dieser Art, den er vorgenommen hatte, was mich wiederum sehr erfreute, als ich es nachher hörte. Alles in allem kann ich nur von Wundern sprechen; zwei Sanitäter trugen mich in den Op., da kam die Nachgeburt, und es konnte genäht werden. Es war aber kein Wasser mehr da, um das Kind zu waschen, nur das, in dem die Instrumente abgekocht wurden.

Ich wurde wieder ins Bett gebracht und hatte es eine Stunde noch gut. Die Soldaten kamen, d. h. die Verwundeten, und wollten das Kind sehen, das in dieser um uns tobenden Hölle geboren war. Die andere junge Frau bekam ihr Kind auf einem Lastwagen zwischen den verwundeten Soldaten. Der Pfarrer Müller taufte meine Tochter auf den Namen Evamaria Charlotte, Eva nach Tante Evchen, die uns bis jetzt ja tapfer beistand, Maria nach der Jesusmutter und Charlotte nach meiner Freundin, die eigentlich Pate sein sollte. Evis Taufspruch war: Fürchte dich nicht, glaube mir.

Am 4. 2. mußten wir in aller Frühe in den Bunker, es war Großangriff, und gegen Mittag hieß es dann: Wir müssen räumen. Wo sollten wir bleiben? Der Doktor ließ sagen, wir sollten dableiben, die Russen wären nicht so schlimm. Aber Frau Klunkes ging zum Kommandanten, und jetzt begann die Leidenszeit. Was vorher war, war nichts dagegen. Wir hatten ja noch Betten mit, irgendwie hatte Tante Eva sie noch ins Lazarett gebracht. Der Doktor aber sagte:

„Lassen Sie die Betten ruhig hier. Das Zeitalter der Betten ist vorbei.“ So hatte ich das Kind in einem Kopfkissen auf dem Schoß und wir besaßen nur noch das, was wir auf dem Leibe trugen, meinen schwarzen Koffer mit der Kinderwäsche und noch ein paar kleinere Sachen. Wir saßen im Sanka mit einer Ukrainerin zusammen, die zwar Deutsch konnte, aber nicht mit uns sprach. Sie war Schwesternhelferin. Es muß ein langer Zug gewesen sein, die Nacht brach herein, und wieder war der Himmel hell von Bomben. Nur ein Gedanke: Den Russen zu entkommen. Auf einmal merkten wir, daß wir allein standen, am Motor war etwas kaputt. Wir waren völlig teilnahmslos, und es berührte mich gar nicht. Dann, gegen Morgen, holte man uns doch heraus, und am 6. 2., nach 48 Stunden, konnte ich einmal aufstehen, und es kamen zwei Sanitäter und brachten mich in den Wald, damit ich austreten konnte.

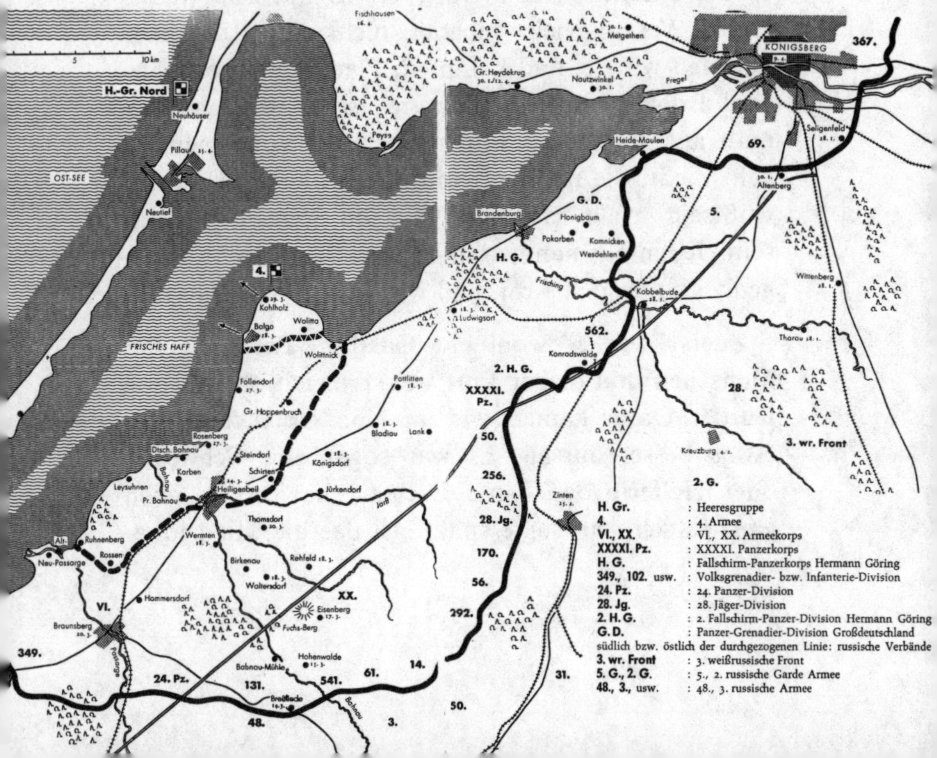

Dann standen wir wieder und kamen nicht voran. Dann kam ein Feldwebel und sagte, es sei ein Befehl von Major Schwarz, alle Zivilpersonen sollten den Treck verlassen. Es waren nämlich nur noch zwei Kilometer bis zur Front, wir waren im Kampfgebiet. Daraufhin sagte ich: „Bestellen Sie dem Major: er soll mich und meine Kinder gleich totschießen, denn wo soll ich hin?" Es wurde dann ein Laster gebracht, und ein paar Soldaten halfen uns hinauf. Es sollte nach Heiligenbeil gehen. Es waren noch 18 Kilometer bis Heiligenbeil, und die hätte ich zu Fuß mit den Kindern zurücklegen sollen!

Es war später Abend, als wir in Heiligenbeil ankamen. Ich weiß es noch so genau. Die Stadt war voller Menschen, alle so ratlos wie wir auch. Unser Kind schlief im Kissen, ab und zu legte ich sie an. Ich habe nie ein Kind stillen können, aber nun ging es ein bißchen. Mein Gott, tat es mir leid, dieses kleine Wesen! Nicht gebadet, nicht einmal waschen konnten wir sie, und kaum ein Platz zum Trockenlegen! Brigitte und Martin waren so tapfer, und niemals auf der ganzen Flucht hörte ich von ihnen: Es geht nicht. Sie mußten es in ihrem kleinen Unterbewußtsein erfaßt haben: es ging um Sein oder Nichtsein. Jedenfalls nahmen mich zwei Sanitäter in Heiligenbeil unter den Arm, und wir suchten ein Quartier.

Zuerst war es wohl ein Gasthof, der so voller Menschen und dicker Luft war, daß ich ohnmächtig wurde. Dann kamen wir an eine Unterkunft, die etwas besser aussah. Es war sogar eine Schwester oder Helferin da. Tante Evchen, die jetzt ja noch ganz forsch war, sagte spitz: „Ist das hier die gepriesene Unterkunft für Mutter und Kind?“ (Es war sie.) Da kam gleich die Schwester und meinte: „Sind Sie die Großmutter? Wenn es Ihnen nicht paßt, bleiben Sie draußen!“

Wir hatten erst einmal ein Dach über dem Kopf, und ich konnte das Kind endlich trockenlegen. Wir bekamen irgendetwas Warmes zu essen. Nur war auch diese Unterkunft überbelegt. Für die Kinder fand sich ein Plätzchen auf der Erde, Tante Evchen mußte auf einem Stuhl schlafen, und für mich —eine besondere Bevorzugung — wurde noch eine Matraze aufgetrieben, und ich konnte mich lang legen. Evi lag im Kissen neben mir auf der Erde. Dann kam Martin und sang so vor sich hin: „Da liegt es, ihr Kinder, auf Heu und auf Stroh...“ Etwas Passenderes konnte er wirklich nicht finden.

Nun begann der Weg des Leidens erst recht. Ich konnte das Kind einmal wickeln, aber nicht baden. Es war nun schon der 9. Februar. Ich konnte mich nicht waschen, wie auf der ganzen Flucht nicht. Die kleine Stadt Heiligenbeil quoll über von Soldaten und Flüchtlingen. Die sanitären Verhältnisse lassen sich einfach nicht beschreiben. Dann hörte man, Mutter und Kind sollen herausgeflogen werden. Als ich mich dann bis zu der Stelle schleppte, war das letzte Flugzeug fort. Zumindest wurde das gesagt; ob es stimmte, weiß ich nicht. Jedenfalls mußten wir das Quartier für Mutter und Kind verlassen und kamen in eine Privatwohnung, so eine Art Sammelstelle. Dort war es ja noch schlechter, überhaupt kein Platz, aber ich konnte wenigstens auf einem Sessel sitzen. Evi hatte ich auf dem Schoß, die beiden anderen lagen an meinen Füßen, auf der Erde. Ich hatte sie ja noch bei mir.

Von ferne hörte man den Kampflärm der Front und über uns die russischen Flieger mit den Bomben. Dann hieß es, wir kämen zum Hafen. Ein Lastwagen voll mit Frauen und Kindern fuhr los, aber auf dem halben Weg zum Haff mußten wir aussteigen. Der Weg war zu zerfahren und unpassierbar, ein Schneechaos herrschte da, und dazu die vielen Trecks. Dieses Elend an den Straßen rührte einen fast noch mehr als das eigene. Da lagen Tote, Kranke, ganze Wagen beladen mit Hausrat. Jetzt gingen wir zu Fuß weiter, durch diesen Morast. Brigitte war immer bedacht sich nicht schmutzig zu machen. Die armen Kinder! Nichts zu essen, Kälte bis 30 Grad, dann die Nässse — und ich mit meinen Stoffschuhen.

Ich trug das Kind in einem Kissen und mit einer Lederleine verschnürrt in der einen Hand und einen Koffer in der anderen Hand, mehr hatten wir nicht mehr. Brigitte und Martin klammerten sich an mich, und wir gingen und gingen, durch unfaßbares Elend, bis ans Haff. Dort sollten wir warten, bis ein Ponton, der mit Munition beladen war, leer nach Pillau zurückfuhr und uns mitnahm. Es war sehr spät, als wir in Rosenberg ankamen. Ein Schuppen direkt am Haff wurde uns als Unterkunft angewiesen, in dem früher Holz gestapelt worden war. Es waren nur breite Holzplanken als Wand mit großem Zwischenraum, so daß der Wind hindurchpeitschen konnte. Es gab kein Stroh, und wir legten uns auf den kalten Zementboden. Die beiden Großen konnten wir noch auf Vatis schönen Waschbärpelz legen und Evi wie immer im Kissen auf der kahlen Erde. Ich hatte so kalte Füße, daß ich das erste und einzige Mal auf der Flucht über mich selbst weinte. Tante Evchen hatte auch noch ihren Pelz an, und dann sagte sie zu mir: „Ich habe von Leidkeim geträumt und von der schönen Heizung.“

Endlich wurde es Morgen, und ein paar Männer schlugen Löcher in das Eis eines Tümpels, der neben dem Schuppen war, und wir konnten uns, so erfroren wie wir waren, ein wenig waschen. Die Kinder wurden gar nicht gewaschen. Irgendwo gab es dann heißen Kaffee.

Am Nachmittag hieß es, wir Frauen mit Säuglingen könnten in die Soldatenunterkünfte; da war es warm. Das war eine Wonne, ins Warme zu kommen, wir konnten die Kinder wickeln und etwas Warmes trinken. Gegen Mitternacht hieß es dann: Die Boote kommen. Nun standen wir im Schneesturm am Haff und warteten, die Kinder weinten. Die Pontons kamen, es wurden Granaten abgeladen, zum ersten Mal im Leben sah ich solche Dinger. Aber vom Einsteigen war keine Rede. Endlich wurden drei Boote freigegeben. Es waren nur so flache Kähne, auf denen eben diese Munition befördert wurde; da kamen nun die Verwundeten und die Frauen mit Säuglingen hinauf. Ein Eisbrecher sollte uns nach Pillau ziehen. Ich saß ziemlich an der Einstiegs-Luke; da kam eine Frau und wollte da sitzen, und ich ging mit den Kindern nach hinten.

Niemand würde heute so ein Fahrzeug besteigen. Wenn ich es jetzt überdenke — Wunder über Wunder. Der Morgen war klar, leider, denn so konnten die russischen Flieger uns besser sehen. So gegen neun Uhr fuhren wir los. Mitten auf dem Haff begann der Angriff der Russen, sie beschossen uns mit Bordwaffen, denn sie konnten ja niedrig fliegen. Erst wurden die zwei letzten Boote mit den Verwundeten beschossen, wir hörten das Schreien und Jammern; dann kamen wir dran. Genau auf dem Platz, wo ich zuerst saß, wurde der Mutter das Kind, auch ein Säugling, vom Schoß geschossen. Es war tot. Dann drehten sie ab, und wir waren in Pillau. Es war später Nachmittag, als wir dann auf ein Schiff konnten, das uns nach Danzig bringen sollte.

Wir wurden hinaufgeholt, die Kinder getragen, und dann mußten wir eine Leiter mit 80 Stufen hinunter. Unten lag Stroh, und es gab zwei große Müllkübel, denn die meisten Menschen hatten Druchfall, Tante Evchen auch. Ein Mann hatte mir das Bündel mit dem Kind abgenommen und es unten hingeworfen. Als ich runterkam, lag Evi mit dem Gesicht auf der Erde. Beinahe wäre sie erstickt.

Zuerst war ich völlig apathisch und saß untätig und erschöpft von all dem Grauen da. Nach Stunden raffte ich mich auf und stieg die 80 Stufen hinauf und ging zum Kapitän. Ich sagte ihm, ich hätte einen Säugling von zehn Tagen und nichts zu essen. Er antwortete: „Liebe Frau, wir sind wie ein Schwamm, es ist nichts mehr auszudrücken, wir haben nichts mehr. Aber gehen Sie zum Koch!“ Das tat ich, und da konnte ich aus Wasser, Gries und Zucker eine Suppe kochen, die ich Evi mit dem Löffel fütterte. Man bedenke: sie war doch erst zehn Tage alt.

Endlich tuckerten wir los. Unsere Herren vom Stab hatten mir immer gesagt: „Frau Pohl, fahren Sie nicht nach Danzig, sehen Sie zu, in den Westen zu kommen!“ Es war uns ja egal, wohin wir fuhren. Gedanken, Wünsche hatten wir nicht mehr, es war nur noch ein Vegetieren. Ich weiß nicht, wie lange wir gefahren sind. Ich traf auf Deck noch eine Frau, sie hieß Eisenblätter und muß aus unserem Kreis gewesen sein. Sie hatte kein Geld, und ich gab ihr noch zweihundert Mark.

Dann sahen wir die Türme von Danzig, aber es hieß, der Hafenkommandeur gestatte nicht die Einfahrt. So lagen wir als Zielobjekt für den Feind drei Tage auf der Reede vor Gotenhafen. Wir waren ohne warmes Essen, es gab für jede Familie ein trockenes Kommißbrot. Wir warteten in Geduld.

Gegen Abend kamen wir dann endlich in Gotenhafen an. Es war wieder ein Wunder. Ohne Beschuß von den Russen legten wir an. Auch das war unfaßbar: Es kamen freundliche Männer an Bord und halfen uns hinunter. Die Männer waren von der Deutschen Werft in Kiel und taten nebenbei Volkssturm-Dienst. Wir wurden in einen Saal gebracht, der hell und warm war und mit Holzwolle ausgelegt. Es war, als sängen die Engel. Nun hockten wir da, das Kind lag vorne und Brigitte und Martin in ihrer großen Tapferkeit saßen bei mir. Da gingen diese freundlichen Männer wieder durch den Gang und blieben bei uns stehen. Ich konnte nichts mehr unternehmen, in mir war alles tot. Sie fragten, wie alt das Kind sei. Es war der 16. Februar 1945 (mein lieber Schwiegervater hatte Geburtstag). „Vierzehn Tage!“ antwortete ich. Daraufhin sagte einer, er hieß Amts: „Die Frau lassen wir nicht hier liegen, wir nehmen sie mit in unser

Quartier!“ Jeder nahm ein Kind und einer mich unter den Arm, und wir kamen in ein Soldatenquartier.

Zuerst durften wir uns mal waschen. Evi war voller Geschwüre, sie war ja nach der Geburt noch gar nicht gebadet worden. Ich hatte auch nicht mehr die Kraft und wickelte sie nur. Wir bekamen zu essen. Martin war wohl sehr krank geworden, er weinte und konnte nicht mehr stehen. Brigitte war noch etwas besser dran. Dann sagten die Männer: „Wir geben Ihnen unsere Betten!“ Die Männer schliefen auf Bänken. Jedenfalls waren diese Wärme und Freundlichkeit so überwältigend, daß man nur weinen konnte. Einer der Männer rieb Martin mit Oel ein; er meinte, das könnte helfen, aber erst nachdem er das ganze Abendbrot wieder von sich gegeben hatte, konnte er schlafen. Morgens, als Evi weinte — ich hatte sie bei mir im Bett, zum erstenmal im Bett! — kam einer der Männer und fragte, ob das Kind wohl Kaffee trinke. Sie waren rührend. Er besorgte dann etwas Milch, und sie trank alles.

Es war der 17. Februar 1945. Ich hätte gerne mit meiner Schwester telefoniert, aber es war scheinbar unmöglich. Herr Amts hat es dann doch erreicht, er muß eine führende Position gehabt haben. Ich konnte also mit Dorle telefonieren. Es war jedoch schwierig, denn meine Stimmbänder versagten, das einzige bisher, das mir auf dieser mühevollen Wanderung widerfuhr. Dorle war natürlich glücklich, als ich sagte, daß ich mit unseren Kindern in Gotenhafen sei. Herr Amts machte es dann möglich, daß wir nachmittags mit den Kindern und Tante Evchen, die ja nur noch ein Schatten ihrer selbst war, mit dem Auto nach Langfuhr gebracht werden konnten. Die drei Männer brachten uns hin. Als ich dann an der Tür läutete und Dorle aufmachte, gab es ein großes Wiedersehen. Das einzige, was ich sagte: „Ich will das Haff nie wiedersehen!“ Es ist ja auch so gekommen, aber danach kam die Hölle erst recht. Die Russen!

Dorle nahm uns in die Arme und sagte: „Ich habe in der Zeit, als ihr weg wart, meine Sünden abgebüßt!“ Nun fühlten wir uns erst einmal in Sicherheit. Die ganze Familie Pohl fanden wir bei Dorle vor, Fritz mit seiner Familie irgendwo im Nebenhaus, Olga, Martha und Vater Pohl bei Dorle. Brigitte und Martin wurden sehr krank, Tante Evchen wurde in ihr eigenes Haus gebracht und erholte sich dort. Dann kam auch gleich eine Hebamme und nahm sich des Kindes an, das nun gerade vierzehn Tage alt war und wohl die schwerste Zeit seines Lebens durchgemacht hatte — nahmen wir an. Die Hebamme badete und behandelte Evi, sie mußte ihr die Windeln mit der Haut herunterziehen, sie war voller Geschwüre. Es gab ja noch Milch, und so konnten wir sie wieder ein bißchen in die Höhe päppeln. Sie wog, als wir hinkamen, fünf Pfund, bei der Geburt zehn Pfund. Somit hatte sie von ihrer Substanz gelebt. Ich hatte nur einen kranken Finger, der geschnitten werden mußte. Ich hatte ja drei pflegebedürftige Kinder und somit keine Zeit, krank zu sein. Ich schimpfte aus vollem Herzen auf Partei und Gauleiter. Meine Schwägerin war da anderer Meinung und verwies mich energisch.

Unsere Offiziere hatten mir gesagt: „Bleiben Sie nicht in Danzig! Gehen Sie in den Westen." Aber wie? Ich war schwach, hatte die drei Kinder und konnte mich um keine Fahrt mit einem Schiff — es fuhren ja noch Schiffe von Gotenhafen irgendwohin — bemühen. Dorle hatte Inge, und somit konnten wir keine Möglichkeit finden, herauszukommen. Freunde von Dorle hatten noch einen Platz auf der „Wilhelm Gustloff" bekommen, dann riefen sie an und teilten mit, sie hätten keinen Platz für Dorle und Inge bekommen. Welch ein Glück! Die Gustloff ist auf dieser Fahrt mit 5000 Menschen an Bord untergegangen.

Fritz kam dann eines Tages. Er hatte seine Pferde verkauft und hatte für seine Familie noch Karten für ein Schiff bekommen. Er nahm auch Olga und meinen von mir sehr verehrten Schwiegervater mit. Ich werde es nicht vergessen, wie mein Schwiegervater das Haus verließ. Er war damals 82 Jahre alt und mußte das alles durchmachen. Ich hatte Evi auf dem Arm, er segnete sie und sagte: „Erziehe sie zu einem guten Menschen!" Aufrechten Schrittes, er war sehr groß, verließ er uns.

Wir hatten ja nun mehr Platz, aber dann fand sich als erstes unsere Grete, unser Pflichtmädchen, mit Mutter ein. Dann erschien zufällig ein Ehepaar Gehrke, ich sah sie an und sagte: „Wir kennen uns doch!" Es war unser Zahnarzt mit Frau aus Pr. Eylau. Wo sie geblieben sind, weiß ich nicht. Wir berieten, aber sahen keinen Ausweg. Die Schießerei wurde immer schlimmer. Frau Gehrke und ich gingen nach Milch und Pferdefleisch anstehen. Die vollen Heeresverpflegungslager blieben mit all den guten Sachen den Russen vorbehalten.

Eines Tages im März flogen und krachten die ersten Bomben ins Nachbarhaus. Dorle holte Tante Evchen zu uns, da wir doch nicht mehr zu ihr hinkonnten wegen des Beschusses. Tante Eva war sehr, sehr elend und lag meistens im Bett. Langsam verlegten wir unser Leben in den Keller und in die Waschküche, es war oben zu gefährlich. Ich hatte Sorgen um mein Baby. Als Evi drei Wochen alt war, versuchte ich Brei zu füttern, und es ging, sie aß. Ich dachte daran, daß es bald keine Milch mehr geben könnte. Allmählich kam das Schießen näher, die Menschen in der Umgebung verschwanden; was nicht fortkonnte, wohnte im Keller.

Die Kinder, d. h. Brigitte und Martin, hatten sich etwas erholt, aber sie kamen natürlich gar nicht mehr aus dem Keller. Wir holten noch Milch und wußten nur: es kam etwas auf uns zu. Ab und zu erschienen deutsche Soldaten im Keller, wir gaben ihnen Zivilkleider, falls wir etwas hatten, aber die Keller hatten ja alle Durchbrüche in die Nachbarhäuser. Dort konnten sie sich dann auch bedienen, denn die Straße war fast leer.

Ab 20. März 1945 wurde das Schießen furchtbar. Wenn wir hinaussahen, sahen wir unser geliebtes Danzig brennen. Der Zahnarzt war auch plötzlich weg, vielleicht hatten sie noch einen Platz gefunden. Aber wo sollten wir mit vier kleinen Kindern hin? In der Nacht vom 21. zum 22. wurde es ganz still — unheimlich. Von all diesen Belastungen wurde ich krank und konnte mich nicht rühren. Evi stand im

Kinderwagen, den wir aus einem Haus organisiert hatten, neben mir, ich lag auf dem Sofa, das wir in den Keller geschafft hatten. Dorle sagte noch: „Weißt du, ich habe einen Sack alte Brötchen, den werfe ich auf den Ofen, dort findet ihn niemand!"

Wir hatten noch zwei Frauen aus Insterburg aufgenommen, die mit dem Treck bis Danzig gekommen waren und einiges an Nahrungsmitteln zu bieten hatten. Ich weiß nicht, wie alt sie waren. Die beiden Frauen hatten sich vor lauter Angst und durch all das überstandene Grauen alle so verändert, sie waren einfach alle alt.

Dann ratterten die Panzer und hielten vor dem Haus. Oben war ja alles leer, aber dann kamen sie in den Keller. Es waren Mongolen, und wir hatten gehört, daß sie sich „Stalins Schüler" nannten. Meist waren es junge Menschen. Zuerst nahmen sie uns unsere Uhren ab und suchten nach Schmuck. Die Ringe zogen sie vom Finger. Ich hatte nichts mehr; sie hielten mir eine Pistole, oder was es für ein Ding war, an den Kopf. Da fing Brigitte fürchterlich an zu schreien, und der Soldat ließ von mir ab. Dann kamen die Flintenweiber. Das erste, was sie mitnahmen, war mein Lackkoffer mit den Kindersachen. Nun hatten wir auch nichts mehr für Evchen, keine Windeln, kein Hemd. „Da werden Weiber zu Hyänen und treiben mit Entsetzen Scherz" (Schiller) — hatten wir in der Schule gelernt. Sie tobten nun oben in der Wohnung und in der Backstube und saßen auf dem Panzer und fraßen unsere alten Brötchen, die Dorle für uns retten wollte. Wir waren benommen und keines Gedanken fähig. Dorles Wohnung hatten sie vollkommen verwüstet. Sie hatten alles auf den Hof geworfen, die restlichen Betten aufgeschlitzt — es war einfach nicht mitanzusehen. In der ersten Etage hatten sie sich dann eingenistet. Abends kamen sie. Es war kein Licht, wir hatten noch ein paar Kerzen, sie leuchteten mit der Taschenlampe, wo wir lagen, und holten uns. Zuerst nahm ich Evi zu mir, aber das half dann auch nicht mehr, und so mußte ich auch leiden. Darüber kann und will ich nicht schreiben. Es war so schrecklich, daß mein weiteres Leben davon geprägt wurde. Wir wollten ja unsere kleine Grete, unser Mädchen, die noch bei uns mit ihrer Mutter war, schützen, und wenn wir merkten, daß sie kamen, steckten wir sie zu Tante Eva ins Bett, ans Fußende. Tante Eva war von Natur aus schon blaß, aber nun wirkte sie alt und blaß, und so ließen sie sie in Frieden. Die anderen Frauen wurden auch nicht verschont. Einmal war ich so verzweifelt, daß sich Dorle für mich geopfert hat. Einem gab ich meinen Trauring, und er ließ mich gehen. Brilliantring und Pelz — alles war ja weg. Vatis Innenpelz (Waschbär) hatten wir irgendwie gerettet. Die Kinder schliefen darauf.

Nach einigen Tagen wurde es dann ruhiger, und wir wagten uns nach oben. Da sahen wir, wie ein Russe über den Hof ging und einen Beutel mit ungefähr zehn Pfund Zucker in der Hand hielt und wegging. Das war unsere letzte Reserve für die Kinder; wir hatten nichts mehr. Da ging Dorle hinaus — sie hatte Mut, ich nicht — und nahm ihm den Zucker aus der Hand. Daraufhin wollte er sie totschießen, er legte an, wir schrien, besonders Brigitte, und er ließ ihr dann die Beute.

Nun wagten wir uns langsam ganz nach oben. Die Verwüstung war abscheulich. Wir gingen auf die anderen Höfe, um noch ein paar Löffel oder etwas Brauchbares zu finden. Die Russen, die sich oben und über der Backstube eingenistet hatten, brachten Hühner, die wir kochen mußten. Einer von diesen schrecklichen Mongolen saß immer in der Küche und paßte auf. Aber wir hatten nichts zu essen; dazu das Schlimmste: kein Wasser. Für die Kinder hatte Dorle noch einen Beutel mit Brotkrusten aufbewahrt; die weichten wir auf und fütterten Evi damit. Dann entdeckten wir noch einen Beutel mit Roggenmehl, und nun konnten wir Brot backen. Aber wo? Im Stubenofen ging das nur nachts, damit die Russen es nicht riechen konnten. Das Brot wurde, wenn es fertig war, in Tücher gewickelt und in Evis Bett gelegt. Sonst hätten sie es uns weggenommen.

Es wurde dann morgens heller, und wir konnten Wasser in Eimern holen. Ungefähr 500 Meter weiter gab es einen Brunnen. Doch das war auch mit viel Angst verbunden, denn nun wagten sich die Frauen, die noch da waren, hinaus, und wenn zehn Frauen zusammen waren, kamen die Russen und holten sie weg. Viele wurden dann nach Sibirien verschleppt. Ich nahm meistens Evi auf den Arm und ein Kind an die Hand.

So vergingen die Tage unter Angst und Schrecken. Ich werde es nicht vergessen: eines Morgens gingen wir auch Wasser holen und merkten, daß die Bäume grün waren. Im allgemeinen hofft man auf den Frühling und bemerkt ihn auch; wir waren nur erstaunt, daß es nach dem Elend überhaupt möglich war. Aber in diesen Wochen war ja auch so viel geschehen!

Zuerst, als wir uns nach oben wagten, wurden wir auf die Kommandantur getrieben. Ich nahm ja immer die Kinder mit, denn sie kamen auch während des Wartens und holten sich Frauen. Dort wurden wir gefragt, ob wir in der Partei waren. Ich war ja ohne mein Wissen hineingekommen, aber das konnte ich ihnen nicht klarmachen. So sagte ich: „Ja, in der Frauenschaft.“ Da ließen sie mich laufen, nachdem wir auch noch den letzten Volksempfänger abgeliefert hatten, denn es ging ja ums Überleben.

Wir hatten außer den Brotkrusten für die Kinder und etwas Roggenmehl wirklich nichts mehr. Die Russen hatten Puddingpulver in dem Heeresverpflegungsamt gelassen, davon holten sich die Leute Kisten voll. Aber was macht man mit Puddingpulver ohne Milch und Zucker? Wir versuchten einfach, es mit Wasser zu kochen, es schmeckte scheußlich, aber die Kinder tranken es und mußten dauernd aufs Klo. Schätzchen war immer naß, wenn wir ihr davon zu trinken gaben. Sie war auf Roggenmehl und Wasser getrimmt. Es gab auch noch eine Fischmehlfabrik in Langfuhr. Wir liefen dorthin und holten das stinkende Zeug. Wir haben es dann in Lebertran gebraten, als Klops. Hundekuchen fanden wir auch noch. Kann man sich heute so etwa vorstellen? Eines Tages lag ein krepiertes Pferd, d. h. ein „verendetes“ Pferd, vor der Tür. Meine Tante sagte, ich sollte zusehen, daß ich etwas davon bekäme. Aber es war nur noch Fell und Knochen. Ein Mann half mir ein paar Knochen absäbeln; ich hätte nie geglaubt, daß Knochenbrühe von einem krepierten Pferd so gut schmecken kann.

Noch hatten wir ja Kartoffeln im Keller, aber bei den vielen Menschen, die zum Schluß bei uns waren, gingen auch die bald zu Ende. Inzwischen war es Mai. Wir merkten es nicht; es war nur noch ein Gedanke: zu überleben. Als die Russen im März Danzig eroberten, bemerkten wir, besonders in Langfuhr, daß sie mit Flammenwerfern vor die Häuser fuhren und sie ansteckten; Danzig war nämlich ohne Kampf gefallen. In unserer Straße wurden alle Frauen aus den Häusern in den Wald getrieben. Dort mußten sie mit den kleinen Kindern — es gab ja nur noch Mütter, Kinder und Alte — Tage und Nächte hausen, und jede Nacht holten sich die Russen die Frauen. Nur unser Haus Christiansweg 15 war verschont geblieben. Wir hatten auch noch zwei Tanten, Cousinen meiner Mutter, in der Nähe wohnen, Tante Martha und Tante Liesbeth. Für sie mußten wir auch mal ein Stückchen Brot haben. Nun machten wir Kartoffel-Touren! Einen Handwagen hatten wir, sehr klapprig. Was machte er einen Krach, wenn wir morgens früh um drei oder vier damit loszogen! Meistens ging ich, und Dorle blieb bei den Kindern und betete, daß ich wieder zurückkäme. Erst gingen wir auf die Güter in der Umgebung, wo es noch Kartoffelmieten gab, aber die waren meistens verfault, und aus diesen stinkenden Haufen suchten wir die besten Kartoffeln heraus. Manchmal bekamen wir einen Sack voll, manchmal fanden wir nur zwei. Noch schlimmer als das Kartoffelsuchen war der Rückweg, denn wenn die Russen kamen, nahmen sie uns einfach die Kartoffeln weg. Als es in der Umgebung nichts mehr gab, zogen wir nach Pranst, 30 Kilometer weiter. Wir hatten gar keine Kraft mehr und immer die Angst, nicht mehr zu den Kindern zurückzukommen.

Als Tante Martha an Entkräftung starb, vermachte sie mir noch ihr blaues Kostüm, das sie an hatte. Dorle bekam die Uhr, später nahm die eine Russin. Ich wickelte Tante Martha in eine alte graue Decke, dann ging es mit dem Handwagen, Brigitte an der Hand, zum Friedhof. Dort waren noch ein paar ältere Männer. Sie warfen sie ins Massengrab, Erde darauf — fertig. Wir erfuhren dann auch, daß in der Nebenstraße neun Frauen, darunter eine Hochschwangere, erschossen worden waren, weil dort ein Blindgänger explodiert war. Die alte blinde Großmutter blieb am Leben, aber sie bat dann die Russen, sie sollten sie auch erschießen, was sie dann auch taten.

Im Mai merkten wir, daß der Krieg wohl zu Ende sein mußte, und noch einmal kam eine furchtbare Zeit, in der die Russen wüteten. Der Tag der Kapitulation war schrecklich; es wurde den ganzen Tag geschossen.

Dann kamen die Polen, auch in unser Haus! Die Bäckerei wurde mit den primitivsten Mitteln wieder flottgemacht. Dorle wußte einigermaßen Bescheid und mußte in der Backstube helfen. Dabei warf sie ab und zu ein Brot in den Garten durch das Fenster, und Brigitte und Martin, die dort spielten, waren schon geschickt genug, fingen es auf, versteckten es und brachten es dann herein. So konnten wir den größten Hunger stillen, aber es gab immer noch keine Milch für die Kinder. Dorle hatte dazu überall Geschwüre und mußte sich bei der Arbeit sehr quälen. Ich mußte für eine Polin kochen, und da fiel dann manchmal etwas für die Kinder ab.

Als dann ein frecher Pole mit seiner Familie kam, um die Bäckerei zu übernehmen, zogen wir, d. h. ich mit den Kindern, in Tante Evas Haus in den Keller. Dorle wurde dann aber auch von den Polen verdrängt.

An einem Tag im August erstarkte in mir der Gedanke: wir müssen hier raus! Nachdem ich beim Eisenbahnbau — wir waren dreißig Frauen und mußten Eisenbahnschienen schleppen — einen sehr kranken Arm bekommen hatte, trug ich ihn in der Binde und war somit ein bißchen geschützt. Ich wagte es dann, nach Danzig zu einer Stelle zu gehen, wo man sich melden konnte, wenn man rauswollte. Natürliches, stundenlanges Verhör, Warten, Wiederkommen. Dann endlich, nach vielem Hingehen und Anstehen, bekam ich die Papiere für uns alle zum Ausreisen. Am 10. Oktober sollte es sein. Es war schon kalt, und ich hatte noch einen schönen Wintermantel, und Vatis Pelz war noch da. Unser Geld ging ja auch zu Ende. Am vorletzten Tag kamen zwei oder drei Polen in den Keller und fragten, ob wir was zu verkaufen hätten. Wir hatten ja nur ein paar Lumpen, aber da sahen sie Vatis Pelz und nahmen ihn. Das Geld wollten sie später bringen. Wir konnten uns ja nicht wehren, aber ich bin dann doch hingegangen, denn ich wußte, wo sie wohnten, und verlangte mein Geld. Da holte der eine Pole die Miliz, die sehr gefürchtet bei uns war, und ich war froh und dankte Gott, daß ich zu meinen Kindern konnte. So war unser letztes Stück von zu Hause, das die Kinder gewärmt und geschützt hatte, auch fort.

Eines muß ich noch sagen: in all diesen Zeiten haben wir gebetet, die Bibel gelesen und ganz fest auf Gott vertraut. Er war unsere Hilfe. Wir konnten auch wieder zur Kirche gehen.

Am Abend vor unserer Abfahrt kam ein völlig ratloser und zerschundener Mann, ein Dr. Wolff, zu uns. Es war der Schwiegersohn der Frau Streubel, die bei uns war. Er war nach Graudenz ins Zuchthaus verschleppt worden, und seine Frau war hier in Langfuhr in ihrer Villa an Typhus gestorben. (Übrigens ist auch unsere Gretel, unser blondes, hübsches Pflichtjahrmädchen, dort an Typhus gestorben.) Er fragte, ob er sich uns anschließen könne. Nun, ein Mann, wenn auch einen völlig gebrochenen, konnten wir gebrauchen. Am 8. Oktober 1945 morgens brachen wir dann auf, mit den Kindern und mit einem Sack mit Sachen zum Anziehen. Wir hatten auf dem schwarzen Markt noch etwas Proviant gekauft, wir wußten ja nur, es sollte nach Berlin gehen. In normalen Zeiten fuhr man fünf Stunden, das war ja nicht weit. Auf der Ausreise-Stelle hatten wir sogar eine Zugnummer und eine Wagennummer bekommen. In Evis Kinderwagen hatten wir die „Schätze" versteckt, die wir noch irgendwie gerettet hatten: meine Bernsteinketten, von Dorle etwas Silber und Ehrenpreise von unserem Vater und auch noch einmal Bettwäsche mit meinem Monogramm. Alles lag unten im Kinderwagen.

Nun standen wir auf dem Bahnhof, es war schon kalt, und die Miliz ging auf und ab. Nach endlosem Warten kam der Zug, und wir standen vor dem Wagen Nr. 10, da sollten wir hinein. Plötzlich sahen wir, wie die Milizsoldaten den anderen Frauen die

Kinderwagen wegnahmen, nun kamen sie auf uns zu. Da machte ein polnischer Bahnbeamter, die ja meistens Deutsch konnten, plötzlich die Tür vom Waggon auf, ich hatte Mut, drückte ihm 20 Sloty in die Hand und bat ihn, mir hineinzuhelfen. Er faßte an, und der Wagen war drin, die anderen kamen nach, und wir füllten ein Abteil aus. Es war ein alter Schlafwagen, in dem alles herausgerissen war, aber egal, wir waren drin! Nach langem, langem Warten setzte sich der Zug in Bewegung. Wir wußten nur eins: wir mußten über die Oder; dort sollte die Freiheit sein. Wir hatten weder Zeitung noch Radio gehabt und wußten nicht, was inzwischen in der Welt geschehen war.

Wir fuhren einen Tag und eine Nacht und noch einmal einen Tag und eine Nacht, ohne warmes Essen, unsere paar Vorräte waren bald verzehrt, und für die Kinder war nichts da. Endlich fuhren wir über die Oderbrücke bei Frankfurt/Oder, dann hielt der Zug in Kietz. Dort mußten wir raus. Nun standen wir armes Häuflein da, es hieß zwar, wir sind in Deutschland, aber wir merkten nichts davon. Jedenfalls fuhr der Zug nicht weiter, und wir mußten uns eine Unterkunft suchen. Wir fanden eine Hausruine, der Keller war noch brauchbar. Aber was wir hier an Schmutz vorfanden, überstieg alles Dagewesene, und wir hatten ja schon Schmutz und Dreck erlebt. In dem Keller hatten die Russen gehaust, es mußte auch schwer gekämpft worden sein um den Ort, denn es war alles zerschossen. Es herrschte ein furchtbarer Gestank, denn es war alles voller Kot und Urin. Der Kot lag überall, und wir standen da mit den armen Kindern. Wir faßten uns ein Herz und versuchten, mit Eisenreifen von Tonnen einen Platz für uns zum Sitzen zu säubern, aber der Gestank!

Am nächsten Morgen gingen wir dann wieder auf den Bahnsteig, und wenn es auch kalt war, so war doch wenigstens die Luft besser. Wieder hatten wir nichts zu essen oder zu trinken. Auf einmal kam ein Zug, und es hieß, er führe nach Berlin. Wir waren ungefähr 50 Menschen und konnten einsteigen. Dann, nach Stunden, es muß Nachmittag gewesen sein, hielt er in Berlin-Lichtenberg auf dem S-Bahn-Gleis, mitten auf den Gleisen. Wir kletterten heraus, brachten die Kinder über die Schienen und kamen auf irgendeine Weise nach Berlin-Lichterfelde ins Lager. Aber wir hörten Deutsch und waren völlig benommen, ohne seelische Angst. Nun, das Lager war nicht das beste, aber es gab ein Stück Brot und warmen Kaffee, natürlich Muckefuck, und mittags eine Suppe, die aus geriebenen Kartoffeln und Wasser bestand, ohne Salz. Dorle besorgte dann auf dem schwarzen Markt am Alexanderplatz ein Pfund Salz für fünfzehn Mark. Es fuhren auch schon Straßenbahnen.

Nachdem ich acht Tage lang die Klos geschrubbt hatte, bekam ich hohes Fieber, lag einen Tag auf der Pritsche im Lager, und als ich dann zum Arzt gebracht wurde, sagte er: „Typhus!“ Nun mußte ich die Kinder allein lassen, Dorle war ja da, aber Tante Eva war inzwischen nach Lichtenberg gezogen. Dr. Wolff versuchte nach Bremen oder Hamburg zu kommen. Das Lager stand unter russischer Verwaltung, daher die Verpflegung.

So kam ich dann ins Krankenhaus. Ein Bett bekam ich, aber es war keine Decke da, um mich zu-

zudecken. Mit Schuhen, Strümpfen, Kleid und Wintermantel lag ich mit 41 Grad Fieber in dem großen Saal. Die Frauen wurden hinausgefahren und starben. Dann kam der Doktor und sagte: „Sie haben den schlechtesten Befund von allen hier!“ Nach einigen Tagen bekam ich eine Decke und konnte mich ausziehen. Als ich dann nach Wochen aufstehen konnte, durfte ich ans Fenster, weil auf dem Hof die Kinder zu Besuch waren mit Tante Eva.

Mitte November kam ich ins Lager zurück, und es hatte sich alles ein wenig gebessert. Schätzchen bekam Milch, und die beiden Großen auch. Wir erhielten auch eine Stube für uns allein, aber es war mittlerweile kalt, und es gab keine Heizung. Wir brachen Zäune ab, um die Öfen zu heizen. Else kam fast jeden Abend mit ihrer Freundin Martha aus der Charité und gab mir Leberspritzen, damit ich mich erholte; ohne diese Hilfe wäre ich wohl nicht auf die Beine gekommen. So hatten wir trotz allem immer Engel, die uns halfen. Diesen Glauben lasse ich mir nicht nehmen.

Vom Krankenhaus aus hatte ich eine Postkarte an Erna Pohl in Bremen geschrieben, als es Post in den Westen gab. Eines Abends kamen Else und Martha und sagten, sie hätten mir etwas mitgebracht. „Aber setz dich erst hin!“ rieten sie mir. Da ging die Tür auf, und unser Vati stand da. Von Erna wußte er, wo wir waren, und war auf abenteuerlichste Weise auf Kohlenwagen usw. nach Berlin gekommen. Else wollte ihn gar nicht reinlassen, so schmutzig sah er aus. Dann konnte er dort baden und kam zu uns.

Die Freude läßt sich nicht beschreiben. Die Kinder kannten ihn kaum wieder, es war ja fast ein Jahr vergangen. Was war alles in dieser Zeit geschehen! Für Vati war es unfaßbar, uns alle, auch seine jüngste Tochter, am Leben zu finden. Wir haben alle geweint und Gott gedankt. Vati sorgte nun auch dafür, daß wir aus dem Lager kamen. Mit vielen Hindernissen, wir wollten ja in den Westen, gelang es dann.

Am 2. oder 3. Dezember ging es vom Bahnhof Moabit aus im Viehwagen irgendwohin, wir wußten es nicht. Am 5. Dezember kamen wir nach Holdorf/Kr. Vechta und auch zu recht netten Leuten. Es kamen dann noch schwere Zeiten, Krankheiten und vieles andere, aber wir trugen es gemeinsam und waren zum ersten Mal eine richtige Familie. Vier Wochen nach unserer Hochzeit war mein Mann ja eingezogen worden, und es gab kein richtiges Familienleben mehr für uns.

Nun bin ich alt und schreibe dies alles auf. Mögen alle, die dies lesen, von diesen Schrecken, von Angst und Not eines Krieges verschont bleiben. Das gebe Gott!

„Von guten Mächten wunderbar geborgen,
erwarten wir getrost, was kommen mag.
Gott ist bei uns am Abend und am Morgen
und ganz gewiß an jedem neuen Tag."

Dietrich Bonnhoeffer

Und noch ein Bibelspruch: „Mein Gott hat seinen Engel gesandt, der den Löwen den Rachen zugehalten hat, so daß sie mir kein Leid antun konnten."

Daniel 6, 23

12. Bericht

von Paul S. Regier
geboren auf der „Meteor II"
jetzt wohnhaft in Haven, Kansas, USA

Meine Eltern waren Gustav Anton Schulz, geboren am 2. Dezember 1903 in Klein-Lichtenau, Kreis Marienburg, und Anna Berta Irmgard Pauls, geboren am 9. Mai 1908 in Tilsit. Sie haben in Königsberg am 29. September 1939 geheiratet und wohnten in Danzig-Oliva, Zimmererstraße 1, wo mein Vater Studienrat war. Drei Kinder wurden ihnen in Danzig-Oliva geboren: Fritz Max Franz am 26. Juli 1940, Peter Wilhelm Gustav am 7. September 1941 und Anneliese am 30. Januar 1943.

Es mußte meinen Eltern Ende 1944 deutlich geworden sein, daß eine Evakuierung für Frauen und Kinder sehr wahrscheinlich war, weil sie eine Reihe von Familienporträts zu dieser Zeit machten. Als der Befehl zur Evakuierung Anfang 1945 kam, war es das, was sie befürchtet hatten: die Männer wurden eingezogen, um zur letzten Verteidigung des Vaterlandes zurückzubleiben (Volkssturm). Meine Eltern trennten sich, sie sahen sich nie wieder.

Meine Mutter, allein mit ihren drei Kindern, verließ Danzig auf dem Lazarettschiff Meteor II, das sie nach Sassnitz bringen sollte. Zusammen mit wenigen unbedingt nötigen Dingen nahm sie etwas Familiensilber mit, um es gegen Notwendiges einzutauschen, und ein kleines Bündel, das die Aussteuer für das bald erwartete Kind enthielt.

Ich wurde am 13. Februar 1945 geboren, wenige Stunden bevor die Meteor II im Hafen anlegte, und wurde als Klaus-Dietrich Bernhard Schulz eingetragen. Bei der Geburt halfen der Schiffsarzt Dr. Muntau und eine Hebamme, Helene Schulz. Beide, Mutter und Kind, wurden in der Krankenabteilung des Schiffes zurückbehalten, während die übrigen Passagiere ausgeschifft wurden. Als sie und ihr Baby wenige Tage später entlassen wurden, entdeckte sie, daß ihre älteren Kinder vermißt wurden und daß ihre Babyaussteuer auch weg war. Mit geringer Hilfe und noch geschwächt von der Geburt suchte sie gezwungenermaßen ihre Kinder unter anderen heimatlosen Flüchtlingen in Sassnitz. Sie hatte Glück, sie fand sie in Sicherheit und gesund.

Meine tapfere Mutter wurde mit ihren vier vaterlosen Kindern unter fünf Jahren schließlich in dem Dorf Barchel, Kreis Bremervörde angesiedelt. Sie wurde bald mit ihrer Schwester, Edith Wentzlawski, geborene Pauls, und ihrer Mutter, Ernestine Pauls geborene Kershowski zusammengeführt. Diese drei Frauen machten sich daran, einen sehr kärglichen Lebensunterhalt für sich und die Kinder herbeizuschaffen, indem sie für andere Familien in dem Dorf Handarbeiten anfertigten. Immer war da noch die brennende Hoffnung, daß ihre Männer vielleicht mit ihnen zusammengeführt würden. Meine Mutter hielt die Gegenwart unseres Vaters lebendig, indem sie sein Bild auf einen besonderen Platz stellte und indem sie uns Kinder ermahnte, uns so zu benehmen, daß es ihm Ehre brächte. „Ihr seid doch Studienratskinder!“ war ein häufig wiederholter Satz. Endlich kam Onkel Paul Wentzlawski zu seiner Familie zurück, aber unser Vater kehrte nicht wieder. Ein zurückkehrender Soldat erklärte, daß er gesehen habe, daß Gustav Schulz während der Kämpfe um Danzig erschossen worden sei.

Endlich, in Verzweiflung und Hoffnungslosigkeit, entschloß sich meine Mutter, meinen Vater gesetzlich für tot erklären zu lassen, damit die Kinder Anspruch auf Rente hätten. Am 28. September 1950 wurde der Tod von Gustav Anton Schulz, Studienrat, zuletzt wohnhaft in Danzig-Oliva, gesetzlich auf den 31. März 1945 von den Behörden von Bremervörde festgelegt.

Meine Mutter war sich zu dieser Zeit sicher geworden, daß mit ihrer eigenen Gesundheit bereits etwas nicht in Ordnung war. Sie nahm Kontakt mit dem Mennonite Central Committee (MCC) auf, um eine Aufnahme in einer der Mennoniten-Siedlungen zu erbitten, die von den MCC PAX-Mitgliedern gebaut wurden. Sie wünschte nachdrücklich, die Möglichkeit zu einer angemessenen Erziehung ihrer Kinder sicherzustellen. Sie wollte ihre Kinder in dem Mennonitischen Glauben ihrer Eltern aufwachsen lassen und glaubte, beide Ziele in den PAX-Siedlungen erreichen zu können. Ihr Antrag kam in die Hände von Reverend Arnold J. Regier und seiner Ehefrau Helen, geborene Buhr, aus Elbing, nun Kansas, die dem MCC ihre freiwilligen Dienste anboten. Die Regiers trafen nicht direkt mit meiner Mutter zusammen, aber sie begannen, die notwendigen Schritte zu unternehmen, um ihre Wünsche zu erfüllen. Unglücklicherweise wurden diese nie zur Erfüllung gebracht.

Im Herbst 1951 stattete meine Mutter alle ihre Kinder mit neuen Kleidern aus, um ein letztes Familienfoto zu machen, wie sie es schon einmal zuvor in ihrem Leben getan hatte. Dann wurde jeder von uns mit einem kleinen Koffer beschenkt. Als sie das getan hatte, wurde sie ins Krankenhaus in Stade eingeliefert, wohl wissend, daß sie nie zu ihrer Familie zurückkehren würde. Wie gut erinnere ich mich an meine Besuche zweimal wöchentlich bei meiner Mutter, zusammen mit meiner Oma. Bei jedem Besuch schien sie ein wenig schwächer zu werden, bis sie zuletzt gar nicht mehr antwortete. Mutter starb am 5. Januar 1952 an Krebs, im Städtischen Krankenhaus in Stade. Sie ist in Bad Oldesloe beerdigt.

Arnold und Helen Regier, die kinderlos waren, äußerten den Wunsch, alle vier Waisen zu adotieren. Aus verschiedenen Gründen war das nicht möglich, und ich allein wurde schließlich von ihnen adoptiert und nach Amerika gebracht. Meine drei älteren Geschwister blieben in Deutschland, wo sie noch wohnen: Fritz und Peter in Hamburg und Anneliese in der Nähe von Bremen. Als die Adoptionspapiere am 23. Mai 1953 in Bremervörde unterzeichnet wurden, wurde mein Name gesetzlich in Klaus-Paul S. Regier geändert. Klaus läßt sich nicht gut ins Englische übertragen und wurde dann fallengelassen.

Meine Adoptiveltern bestanden darauf, daß ich mit meiner Oma und meinen Geschwistern in Verbindung blieb. Folglich blieb die verwandtschaftliche Bindung zu meiner Geburtsfamilie sehr eng, so daß wir gegenseitig an unseren Freuden und Leiden teilnehmen können. Mein Bruder Fritz hat ein Jahr in Amerika als MCC-Prediger verbracht, und ich bin viermal zu verschiedenen Gelegenheiten in Deutschland gewesen. Im Juli 1979 habe ich Katherine Janzen geheiratet, und wir konnten meine Familie auf unserer Hochzeitsreise besuchen. Jetzt haben wir einen Sohn, James Peter, und eine Tochter, Amanda Helen, die wir, wie wir hoffen, ihren deutschen Verwandten in nicht allzu ferner Zukunft vorstellen können.

13. Bericht

von Hedwig Quas
geboren in Warnen, Kreis Goldap

Im Mai 1943 hatte ich geheiratet. Mein Mann war Soldat an der Ostfront. Anfang November 1944 sollte mein erstes Kind zur Welt kommen. Ich war 23 Jahre alt und lebte zusammen mit Mutter (50 Jahre), Vater (60 Jahre) und Schwester (26 Jahre) auf unserem Hof in Warnen, Kreis Goldap. Wir freuten uns alle auf das Baby. Ich hatte auch alles Nötige zur Erstausstattung bereit, zum großen Teil wurden mir die Hemdchen und Windeln von Verwandten und Freundinnen überlassen.

Doch die Angst vor der herannahenden Front wurde größer. Wir hörten den Kanonendonner immer deutlicher. Unser Hofhund Feldmann lief dann jedesmal voller Furcht davon. Seit dem 10. Oktober standen drei gepackte Leiterwagen auf unserer Tenne. In den Abendstunden des 18. 10. 1944 riß unser Bürgermeister die Haustür auf: „Sofort weg!" und lief weiter. So begann die bitterste Zeit meines bis dahin so behüteten Lebens.

Die Tiere — Milchkühe, Rinder, Jungpferde, Schweine, Schafe und Hühner — wurden ein letztes Mal versorgt. Unser Feldmann, der bis dahin nie das Wohnhaus betreten hatte, kam zitternd ins Wohnzimmer und legte sich aufs Sofa.

Mit sechs Pferden und drei Wagen verließen wir im Dunkeln unser geliebtes Zuhause und schlossen uns dem Treck an, der in die einzelnen Kirchspiele des Kreises

Goldap eingeteilt war. Auch unsere Kriegsgefangenen, zwei Franzosen und zwei Russen, fuhren mit uns. Feldmann und unser Dackel Lumpi liefen neben den Wagen her, aber schon bald kehrte Feldmann um. Ich sah ihn nie wieder.

An diesem Abend kamen wir bis Gawaiten (Herzogsrode). Dort übernachteten wir mit vielen anderen in einem Haus, auf dem Fußboden sitzend. Am 19. Oktober ging der Treck weiter in Richtung Rastenburg-Rößel. Weil ich schlecht auf dem harten Wagen sitzen konnte, ging ich meistens zu Fuß.

Am 22. 10. kam ganz überraschend mein Mann zu uns. Er hatte einige Tage „Räumungsurlaub" erhalten, denn am 18. 10. wurde seine Heimatstadt Gumbinnen bombardiert. Dort lebten seine Eltern. Hier erfuhr er von unserem Treck, lieh sich ein Fahrrad seines Bruders und fand uns auf der Landstraße. Mein Mann konnte uns bis Rößel begleiten. Übernachten mußten wir auf dem Fußboden. Eine Nacht verbrachten wir auf dem Gut Dönhoffstedt. Dort wurde mir das Inspektorenzimmer überlassen. Es war eine Wohltat, daß ich mal wieder ein richtiges Bett hatte.

Am 28. Oktober erreichten wir Rößel. Bei einer Familie Lipki bekamen wir in einem kleinen Siedlungshaus ein Zimmer, in dem ich mit meinen Eltern und meiner Schwester auf dem Fußboden schlief. Mein Mann mußte noch am selben Tag zu seiner Einheit nach Siemonen bei Norkitten zurück.

Unsere Gefangenen, die Pferde und Wagen und unser Dackel Lumpi waren in der Stadt in einem Stall untergebracht. Lumpi war auf dem Treck krank geworden und bis zum Skelett abgemagert. Eine Russin pflegte ihn liebevoll, er starb aber bald.

In Rößel fanden wir auch meine Tante Ida, Onkel Otto und meine Kusine Lucie mit ihren beiden kleinen Töchtern. Sie waren mit dem Treck aus Didszullen (Schwadenfeld) gekommen.

Ungefähr am 30. 10. bekamen meine Schwester Elli und ich ein Zimmer in der Stadt bei einem Fleischermeister. Wir hatten jeder ein Bett.

In der Nacht vom 6. zum 7. November setzten bei mir die Wehen ein. Morgens um 7 Uhr ging ich mit meiner Mutter zu Fuß ins Katholische Krankenhaus. Die Ordensschwestern waren sehr gut zu mir. Sie wuschen mir die Haare und ich durfte baden, das erste Mal seit der Flucht!

Abends gegen 21 Uhr kam zu meiner allergrößten Freude und Überraschung mein Mann zu mir. Er befand sich auf einer Dienstreise von Siemonen nach Hohenstein. Die guten Ordensschwestern ließen ihn freundlicherweise für eine halbe Stunde zu mir ins Entbindungszimmer. Um 22.55 Uhr wurde meine Tochter Dagmar geboren, gesund und gut sieben Pfund schwer. Am nächsten Morgen um 6 Uhr durfte mein Mann noch einmal für eine Viertelstunde zu mir, bevor er weiter nach Hohenstein mußte. Er sah unser Kind zum ersten Mal. Wir ahnten damals nicht, wie lange wir getrennt werden würden.

Als ich aus dem Krankenhaus entlassen wurde, durfte ich wegen meines Kindes nicht mehr in mein altes Zimmer zurück. Bei einer Familie Heckel am Markt 10 fand aber unsere ganze Familie liebevolle Aufnahme in einem Zimmer.

Auf Bezugsschein bekam ich in Rößel sogar einen klapprigen Kinderwagen, einen sogenannten „Kriegskinderwagen".

Am 26. November wurde Dagmar von Vikar Ohlhoff getauft. Wir blieben in Rößel, bis am 29. Januar die Russen kamen. Wir waren mit vielen anderen in einem Keller, den wir am nächsten Morgen verlassen mußten. Nun begannen Grausamkeiten, über die ich nicht sprechen und schreiben kann.

Unsere kriegsgefangenen Russen waren verschwunden; ein Franzose verließ Rößel zwei Tage vor dem Einmarsch der Russen mit Landsleuten zu Fuß in Richtung Westen, der zweite blieb. Ich sah ihn Tage später in einer Gruppe Franzosen, die von einem russischen Offizier bewacht wurde. Wie es diesen uns so lieb und vertraut gewordenen Menschen erging, weiß ich nicht.

Uns Deutschen gab man den Befehl, nach Hause zu fahren. Unsere Verwandten aus Schwadenfeld trieben noch einen Wagen und zwei Pferde auf. Damit sind wir dann zusammen mit mehreren Familien bis Rastenburg gekommen. Dort wurde es noch schlimmer.

Mein Vater wurde abgeholt. Ich sah ihn nie wieder und habe bis heute keine Gewißheit über sein weiteres Schicksal. Auch Onkel Otto wurde verschleppt und ist seitdem verschollen. Meine Mutter und meine Schwester wurden zusammen bis zum Ural verschleppt. Mich hatte man wegen des kleinen Kindes verschont. Am 2. März 1945 ist meine Mutter in Polowinka (Ural) im Internierungslager gestorben. Meine Schwester Elli kam erst 1949 aus Rußland zurück.

So blieb ich mit meinem Kind allein. Zum Glück durften auch meine Tante Ida und meine Kusine Lucie mit beiden Kindern in Rastenburg bleiben. Ohne meine resolute, lebenskluge Tante hätten wir jungen Frauen sicher nicht die schlimme Zeit überstanden.

Wir hatten Hunger und durchsuchten die Keller nach Eßbarem, noch quälender aber war der Durst. Uns blieb nur das Wasser aus einem Fluß, in dem Tote lagen.

Wir lebten mit vielen Deutschen in einem Raum. Tagsüber mußten wir für die Russen hart arbeiten. Wenn wir zur Arbeit geholt wurden, ließ ich immer die Geburtsurkunde meiner Tochter bei Leuten, die im Zimmer bleiben durften. Erst abends und nachts konnte ich Dagmar stillen und versorgen. So magerte ich zum Skelett ab, mein Kind aber war dick und gesund, weil ich es acht Monate lang nähren konnte.

Als ich in einer Zuckerfabrik arbeitete, kratzte ich Zucker aus alten Säcken und steckte ihn in die Schürzentasche. Einmal fanden wir einen Sack Salz, eine Kostbarkeit in dieser Zeit. Wir stopften uns alle Taschen voll. Wir hörten von einer deutschen Familie, 1 km entfernt, die noch Kühe in einer Baracke hatte. Nun lief ich fast täglich früh am Morgen mit meiner Tasse dorthin, und bekam sie mit Milch gefüllt. So konnten wir den Kindern zusätzlich etwas geben.

Mehrere Male wurden wir von den Russen aus unseren dürftigen Quartieren zu anderen Unterkünften gejagt. Dann schob ich den klapprigen Kinderwagen durch tiefen Schnee kilometerweit durch Rastenburg, ständig in Angst, er könnte zusammenbrechen.

Im April 1945 gab es eine große Razzia. Russen kamen in unser Zimmer: „Alle Frauen mitkommen! Warm anziehen!“ Die Kinder durften nicht mit ihren Müttern gehen. Das Schreien werde ich nie vergessen können. Verzweifelt wandte ich mich an einen Russen: „Ich habe ein kleines Kind, das ich stille." Er klopfte mir beruhigend auf die Schulter: „Du bleiben!" Auch Tante Ida und Kusine Lucie durften bleiben. Die anderen Mütter kehrten nicht zurück, und die Kinder lebten dann bei uns.

Wir mußten uns jedoch bald von ihnen trennen, denn wir wurden zum Arbeiten auf das Gut Krauseneck in der Nähe Rastenburgs geschickt. Dort ging es uns etwas besser, denn es gab noch Kartoffeln in den Kellern. Wir mußten schwer arbeiten, und obwohl wir körperlich am Ende waren, hielten wir doch durch. Zu meiner Tochter waren die Russen immer gut. Oft nahm sie einer auf den Arm, spielte mit ihr, und mein Kind lachte!

Im Oktober hieß es, daß wir nach dem Westen fahren könnten. Wir wurden zum Bahnhof Rastenburg gebracht. Dort fielen Polen über uns her und nahmen uns die letzte Habe, vor allem Brot, unsere einzige Reiseverpflegung. Wir bestiegen Güterwaggons. Den Kinderwagen durfte ich nicht mitnehmen. So wickelte ich Dagmar in eine alte Wolldecke. Weil meine Arme vom Tragen schon zu schwach waren, hielt ich die Decke auch mit den Zähnen fest. Wir fuhren dann viele Tage ohne Verpflegung bis Mecklenburg. Im Lager Loosten kampierten wir auf dem Fußboden.

Am 7. November 1945, dem ersten Geburtstag meiner Tochter, war ich nahezu am Ende. Die Kräfte versagten und ich glaubte, mein Schicksal nicht länger tragen zu können. Aus Wehrmachtsbeständen hatte ich eine Schmerztablette behalten. Ich schluckte sie und lehnte mich schwach und müde in einer Ecke. Tante Ida bettelte um Essen bei anderen Barackenbewohnern. Sie brachte mir zwei Kartoffelklöße. Als ich die gegessen hatte, fühlte ich mich kräftiger und zuversichtlicher.

Noch im November starb die kleine zweijährige Tochter meiner Kusine. Bald danach bekamen wir ein Zimmer in Tollow bei Neukloster. Von dort schrieb ich an Verwandte in Gifhorn (Niedersachsen). Durch sie erfuhr mein Mann, der schon im Westen war, wo wir uns befanden. Kurz vor Weihnachten erhielt ich einen Brief von ihm. Das war das schönste Weihnachtsgeschenk meines Lebens.

Im Januar 1946 sind meine Tochter und ich mit einer Ausreisegenehmigung nach Gifhorn gefahren. Am Bahnhof warteten unsere Verwandten mit einem Kinderwagen. Ich wickelte Dagmar aus der alten Decke, die von meinen Zähnen stellenweise zerbissen war, und hatte Hemmungen, mein zerlumptes Kind auf die blütenweißen Kissen zu legen. Dagmar hatte einen aufgetriebenen Hungerbauch und war rachitisch. Liebevoll wurde sie nun von allen aufgepäppelt und gepflegt, und als mein Mann uns das erste Mal wiedersah, lief sie ihm entgegen.

14. Bericht

von Klara Surrey
früher Hirschberg, Kreis Allenstein

Von unserem Hof in Hirschberg/Kr. Allenstein flüchtete ich im März 1945 zunächst nach Guttstadt/Kr. Heilsberg, weil ich von dort stamme. Ich erwartete mein erstes Kind. Die Russen hatten bereits einmal unser Dorf erobert. Meine Schwiegereltern waren erschossen worden, alle Frauen, auch mich, trieb man ins Haus und wollte es anzünden. Im letzten Moment — die Russen hatten schon Stroh ums Haus gelegt, mit Benzin übergossen und wollten es anzünden, — hörten wir deutsche Kommandos. Daraufhin flüchtete ich.

In Guttstadt aber konnte ich auch nicht mehr bleiben, und so flüchtete ich mit meiner jüngeren Schwester Luzi weiter. Wir gingen zu Fuß übers Haff zur Nehrung, von dort konnten wir mit Autos mitgenommen werden bis Danzig. Dort sollten wir auf die „Ubena". Bevor wir auf das Schiff kamen, gab es Fliegeralarm, und wir mußten zurück, um in einem Luftschutzkeller den Angriff abzuwarten. Dadurch fuhr das Schiff, das nicht so lange warten konnte, ohne uns ab. Bald stellte sich heraus, daß das unsere Rettung war, denn die „Ubena" wurde kurz darauf getroffen. Wir sahen später die Toten und die Trümmer im Wasser.

Wir kamen nun auf die „Harald Schröder", die von einem sehr jungen Kapitän befehligt wurde. Die Flucht hatte mir zugesetzt, und nun stellten sich die Wehen ein, zehn Tage früher als erwartet. Die „Harald Schröder" war kein Passagierschiff, eher ein Frachtschiff; es gab keine Kabinen und keine Betten, die Flüchtlinge lagen auf ihren Mänteln auf dem Boden. Meine Schwester hatte sich von vielen Kleidungstücken nicht trennen wollen. Man sollte nämlich keine großen Koffer, sondern nur kleinstes Handgepäck mitnehmen. Deshalb hatte sie mehrere Jacken übereinander angezogen und war nun fast so dick wie ich in meinem gesegneten Zustand. Sie schwitzte zum Erbarmen und mußte sich nun von einem Matrosen anhören: „Aber Dickerchen, Sie schwitzen ja so!"

Meine Wehen wurden stärker, und im Laufe des Abends gab mir der Kapitän sein eigenes Bett, damit ich dort entbinden konnte. Er sagte dabei, daß er einen Wunsch hätte: das Kind sollte den Vornamen des Schiffes „Harald" bekommen. Ich versprach es.

Dann fragte der Kapitän nach, ob Ärzte an Bord seien. Es meldeten sich zwei. Erst nach der Geburt erfuhr ich, daß beide Tierärzte waren. Ich erschrak noch nachträglich, aber einer meinte: „So schlimm ist das alles nicht! So groß ist der Unterschied zwischen Mensch und Schwein auch nicht!" Trotz aller Schwierigkeiten war ein gesundes Mädchen zur Welt gekommen, und zwar um Mitternacht, und auch ich hatte alles gut überstanden. Natürlich gab es keine Badewanne für das Kind, nicht einmal eine Schüssel. Also fand das erste Bad in einem Feuerlöscheimer statt. Am nächsten Morgen kam der Kapitän, gratulierte mir und brachte fünf Märzbecher. Das Kind war um Mitternacht geboren, und ich konnte nun aussuchen, ob der 22. oder der 23. März das Geburtsdatum sein sollte. Ich entschied mich für den 22., weil das Datum 22. 3. 45 gut zu merken ist.

Dann mußte der Name bestimmt werden. „Von Ihrem Versprechen sind Sie ja nun befreit“, meinte der Kapitän. „Der Name ‚Harald‘ kommt nicht mehr in Frage. Aber die ‚Harald Schröder‘ hat ein Schwesterschiff, die ‚Helga Schröder‘, und es wäre schön, wenn dieser Vorname nun gewählt würde!“ Ich war einverstanden, und so erhielt meine erste Tochter den Namen „Helga“, obwohl vorher eigentlich der Name „Christine“ überlegt worden war. Sie bekam nun beide Namen: Helga Christine. Die Fahrt ging von Danzig nach Rostock. Dort stand schon ein Krankenwagen an der Anlegestelle für mich bereit. Ich stieg in Begleitung meiner Schwester aus, die bleich und abgehetzt aussah, während ich daneben rosig und gesund wirkte. Schon wollte man meine Schwester in den Krankenwagen verladen, als der Kapitän rief, daß ich die Wöchnerin sei. Ich kam erst einmal ins Krankenhaus, und kurz darauf wurde das Kind getauft. Eine Geburtsurkunde vom Schiff hatte ich nicht, jetzt bekam ich einen Taufschein.

Von Rostock wurden die Flüchtlinge nach Schleswig-Holstein weitergeleitet, und wir landeten im Raum Hamburg. Wir wurden von der Wehrmacht auf Fahrzeugen mitgenommen und auf Bauernhöfen oder bei Privatleuten untergebracht. Mich wollten die Leute, denen man mich zugewiesen hatte, nicht hereinlassen, weil ich ein Baby hatte. Eine Weile saß ich vor der Tür, dann kam die Wehrmacht noch einmal, und sie mußten mich aufnehmen.

Ich blieb ungefähr zwei Jahre in Schleswig-Holstein und wartete auf meinen Mann. Dann erfuhr ich durch das Rote Kreuz, daß mein Mann wieder in Ostpreußen war. Er war in Österreich in englischer Gefangenschaft gewesen, dort ausgerückt und zu Fuß tausend Kilometer zu seinem Heimatort gegangen. So zog auch ich 1947 zurück nach Hirschberg zu meinem Mann. Wir konnten wieder auf unseren Hof, aber es war nicht mehr viel übrig geblieben. Unser großer Hof war abgebrannt, nur das Wohnhaus stand noch. Ich hatte ja die Eroberung durch die Russen noch zum Teil miterlebt und konnte mir vorstellen, was nachher noch geschehen war, aber mein Mann hatte von allem so gar nichts gewußt. Er stand nun enttäuscht und erschüttert vor dem abgebrannten Hof.

Gemeinsam bewirtschafteten wir wieder den Hof. Unsere Nachbarn waren fast alle Deutsche. 1948 wurden Zwillinge geboren, 1953 kam noch ein Mädchen, das heute den Hof übernommen hat.

Das Fluchtkind Helga ging 1976 mit ihrem Mann in den Westen und lebt heute noch in Bochum. Wir sind dankbar, daß wir alle den Krieg und die schweren Zeiten überstanden haben.

15. Bericht

von Erna Weitschat
früher Datzken, Kreis Ebenrode
jetzt wohnhaft in 4901 Hiddenhausen

Unsere Heimat war in Datzken (Datzkehmen), Kreis Ebenrode (Stallupönen)/Ostpreußen.

Am 17. Oktober 1944 erhielten wir den Befehl vom Amtsvorsteher, das Dorf zu verlassen, die Front rückte näher heran.

Unsere Familie bestand aus elf Personen: Schwiegermutter, Schwägerin, 7 Kinder, mein Mann und ich. Wir fuhren mit drei Wagen. Nach mehreren Stationen kamen wir am 30. Oktober in Canditten, bei Landsberg, Kr. Pr. Eylau, an. Hierhin wurde unsere Gemeinde evakuiert.

Am 2. November starb, 1 ½jährig, unsere Tochter Christa. Sie wurde am 6. November auf dem Friedhof in Canditten beerdigt. Tochter Anni, 18 Jahre alt, wurde in Canditten zur Wehrmacht eingezogen.

Da ich ein Kind erwartete, brachte mich mein Mann am 12. Januar in eine Entbindungsstube, zu einer Hebamme in Landsberg. Der Flüchtlingstreck rollte an meinem Fenster vorbei.

Am 16. Januar wurde meine Tochter Brigitte geboren. Ich bewundere heute die Ruhe, die ich damals hatte.

Nach acht Tagen, am 24. Januar, kam mein Mann mich holen. Es war nach Canditten keine Bahnverbindung mehr. Die Straße war voll Militär. Zerschossene Panzer kamen von der Front zur Reparatur nach Canditten. Ein Panzerführer hat uns mitgenommen. Unsere kleine Tochter und ich waren vorne beim Chauffeur, mein Mann stand auf der Plattform. Es war ein sehr kalter Tag. Die Fahrt, 10 km von Landsberg bis Canditten, dauerte zwei Stunden. Unterwegs wurde ein Pferd angefahren, das mußte erschossen werden. So erreichten wir mit Hindernissen, aber wohlbehalten unsere Familie in Canditten. Hier war aber schon eine allgemeine Aufregung, wie es weitergehen sollte. Die Front kam näher. Am 2. Februar hat Superintendent Freyer unsere Tochter getauft.

Dann hat mein Mann alles vorbereitet, und am dritten Februar schlossen wir uns dem Treck nach Westen an. Jeder durfte nur Handgepäck mitnehmen. Zwei Pferde mußten wir für die Wehrmacht abgeben, so fuhren wir mit zwei Wagen weiter. Als ich schon auf dem Wagen saß, mußte ich noch einmal absteigen, um das Stammbuch vom Superintendenten zu holen, das uns später gute Dienste leistete.

Der Treck kam sehr langsam vorwärts. Wir wurden von Bordwaffen beschossen, stiegen ab und fuhren am Morgen, bevor es hell wurde, weiter.

Mein Mann mußte jeden Abend ein Quartier suchen und die Pferde versorgen. Ich mußte das Kind stillen, und die Windeln mußten am nächsten Morgen wieder trocken sein. Die Familie brauchte Essen. Oft war im Quartier eine warme Mahlzeit bereit.

Dann fuhren wir über das Haff. Die Fuhrwerke mußten Fußgänger mitnehmen. Wie es der Zufall wollte, saß die Hebamme, die mich entbunden hatte, auf unserem Wagen.

Es war Ende Februar, dichter Nebel. Dadurch waren wir vor den Bordwaffen der feindlichen Flieger geschützt. Auf dem Haff waren wir vom Nachmittag bis zum nächsten Morgen. Das Eis hatte schon Risse. Wir waren froh, daß wir gut runter gekommen sind. Zuerst fuhren wir die Ostsee entlang. In dem Sand war es für die Pferde sehr schwer. Über die Düne rüber und wieder im Treck auf der Straße. Wir mußten mittags die Fahrt unterbrechen, damit ich die Kleine stillen konnte. Durch das Schaukeln auf dem Wagen war sie ruhig. Ich hatte sie auf dem Schoß im Kopfkissen mit einer Kamelhaardecke umwickelt.

Weiter ging es über die Weichsel auf einer Notbrücke, von zusammengestellten Schiffen. Dann durch Danzig, Zoppot, Gotenhafen bis nach Pommern, wo uns der Russe überholt hat. Eines Morgens, als wir weiterfahren wollten, hieß es: Der Russe hat bei Köslin die Straße gesprengt. Er ist vom Süden bis zur Ostsee vorgestoßen. Am 8. März sind wir den Russen in die Hände gefallen. Es war in Überlauf, Kr. Stolp. Es kamen Reiter, Straße frei! Jetzt waren wir Gefangene. Einen Wagen mußten wir als erstes abladen, — ein Russe setzte sich darauf und fuhr damit ab. Ein Kinderschuh ging noch mit. Männer und Frauen mußten weiße Armbinden anlegen, ein Zeichen der Ergebenheit.

Unser Säugling war jetzt sieben Wochen alt. Ein russischer Offizier, der ihn sah, legte sein Gewehr an und sagte: „Am besten schießen, die nachkommen, doch alles kaputt machen." Wir waren wehrlos und konnten nur Gott vertrauen. Ostern, am 1. April, kam der Befehl: Alles raus aus den Quartieren! Der Ort wurde geräumt. Mit Bewachung wurden wir geführt und in Brüskow freigelassen. Wir mußten auf einem Heuboden unterkommen.

Unsere Familie: Lothar 3 Jahre, Dorothea 5 Jahre, Siegfried 7 Jahre, Fritz 14 Jahre, Elfriede 20 Jahre, Schwiegermutter 88 Jahre, Schwägerin Helene 58 Jahre, mein Mann , ich und der Säugling.

Außer uns waren noch mehrere Familien auf dem Heuboden. Ostern, 2. Feiertag. In der Futterküche waren im Dämpfer Kartoffeln gekocht, davon durften wir zu Mittag essen. Die Mädchen mußten sich verstecken; denn sie wurden gesucht: Frau, komm helfen!

Am 15. April, Befehl: Raus! Es hatte geregnet, die Straße war aufgeweicht, die Pferde schafften es trotz Anstrengung nicht weiter. So beschlossen die Männer (es waren sieben Wagen), im Brüskower Moor auf einer Wiese, unter freiem Himmel, zu bleiben. In der ersten Nacht waren unsere Betten mit Rauhreif überzogen.

Jetzt hatten alle reichlich zu tun. Eine Feuerstelle zum Kochen mußte her. Zum Windschutz wurden Tannenbäume aus dem nahen Wald geholt. Dann wurde ein Schlafzelt hergerichtet aus Pfählen, Rasenstücken, Decken u.s.w. Was man brauchte, wurde vom nahen Ort besorgt. Die Krähen haben uns am Morgen geweckt.

Meinen Säugling habe ich gestillt und als Zusatznahrung von Wasser, Weizenmehl und Zucker einen

Schleim gekocht. Gefüttert wurde mit einem Löffel, ein Sauger war nicht vorhanden. Die Männer gingen in die umliegenden Dörfer auf Nahrungssuche. Sie haben mit Flegel Korn gedroschen und zur Mühle gebracht. Die Frauen kochten von Rüben Sirup.

Unsere 20jährige Tochter hat die Kleider ihrer 88jährigen Oma getragen, damit die Russen sie nicht erkennen sollten. In Zeitabständen von ein paar Tagen kam ein Russe mit dem Gewehr und ein Pole, um zu plündern. Sie suchten Uhren, Kugelschreiber u. s. w. Was sie brauchten, nahmen sie mit. Nach und nach hatten sie alle Wagen durchsucht.

In den Dörfern waren Typhus und andere ansteckende Krankheiten ausgebrochen, davon waren wir im Moor verschont geblieben. Ein Säugling, der 4 Wochen älter war als unser, ist im Moor gestorben.

Am 15. Juni holten uns die Reddentiner aus dem Moor in ihr Dorf. Jeder Bauer holte eine Familie. Unsere neue Heimat war bei Familie Voss. Mit einer Erbsensuppe wurden wir empfangen. Unsere Unterkunft war auf einem Speicher. Ich ging durchs Dorf auf Milchsuche für unsere fünf Monate alte Tochter. Ich erhielt die Antwort: Einmal würden sie mir geben, aber nicht jeden Tag. Dann endlich bei Endschmidt konnte ich jeden Tag die dringend benötigte Milch bekommen . Das war die erste Milch, die unsere Brigitte als Zusatznahrung erhielt. Sie war ja nur Haut und Knochen, aber es ist ein Wunder, daß sie die Zeit „Gott sei Dank" überstanden hat.

Reddentin war ein Dorf mit einem großen Gut von Below. Jetzt mit einer russischen Kommandantur. Die Deutschen mußten zur Arbeit auf das Gut. Alle

10 Tage gab es Produkte für die Familien. Sie bestanden aus Gerstengrütze, etwas Rindfleisch, ganz wenig Zucker. Ein Arbeiter erhielt ein halbes Brot. Es war zum Leben zu wenig. Jeder mußte sehen, wie er selbst zu etwas kam. Wir haben von einem Bauern ein Stück Gartenland bekommen, Gemüse gesät, im Juni noch Kartoffeln gepflanzt. Vom Feld wurde (heimlich) Raps geholt, um Öl zu pressen.

1950 übernahm der Pole die Wirtschaft. Es gab für die Arbeiter etwas Geld, auch Mehl, daß wir Brot backen konnten.

1946 wurden die Bauern von Reddentin, auch Familie Voss, die uns aufgenommen hat, von den Russen enteignet. Es kam der Befehl, den Hof in zwei Stunden zu verlassen. Ein Posten wurde aufgestellt. Herr Voss kam in ein Arbeitslager. Die Familie mußte sehen, so sie heimlich untertauchte. Drei Tage lang kamen Leiterwagen vom Gut und holten Möbel und Hausrat ab. Das wurde in einem Raum auf dem Gutshof untergebracht.

Auf Befehl der Russen sollten wir, nach der Räumung, vom Speicher ins Haus ziehen. Die kleineren Kinder, mein Mann und ich zogen dann in ein Zimmer des Bauernhauses ein. Es dauerte fast ein Jahr, bis die Familie wieder zurückkommen durfte.

Im Jahre 1948 war ich wieder schwanger. Es war schwer für uns; aber damals waren Engel unterwegs, einer hat dem anderen geholfen. Frau Stüwe hatte zu deutscher Zeit einen „Erste-Hilfe-Kursus“ gemacht. Sie hat die Entbindung übernommen und auch mit Windeln ausgeholfen.

Am zweiten September ein Uhr dreißig nachts ist unsere Tochter Sabine geboren. Es ging lautlos zu, in dem Zimmer, wo alle schliefen. Als das Kind den ersten Schrei tat, sagte plötzlich der inzwischen sechsjährige Lothar: „Mutter, haben wir eine Ziege?“ Es war schon von der Anschaffung einer Ziege die Rede gewesen.

Nun, es war ein gesundes Kind, und das Leben mußte weitergehen. Einen eisernen Ofen hatten wir im Zimmer, der für Wärme sorgte und gleichzeitig eine Kochgelegenheit war. Zu der Zeit wohnten in Voss'ens Haus drei Familien und drei Einzelpersonen. Wir fühlten uns sicher, wenn so viele Deutsche auf einem Haufen waren. Wirtschaftlich war alles so zerstört, daß wir hundert Jahre zurück waren. Wir mußten sogar mit Eimern das Wasser aus dem Brunnen hochziehen.

Bis 1951 mußten wir die Kinder privat unterrichten, dann war eine deutschsprachige Schule in Zitzewitz.

Wir haben uns immer um eine Ausreise bemüht; aber vergeblich. Erst als Konrad Adenauer sich dafür eingesetzt hat, erhielten wir die Ausreisegenehmigung. So lebten wir zwölf Jahre als Gefangene.

Die Kinder waren meine Schutzengel, ich brauchte mich vor den Russen nicht zu fürchten.

Sabine ist jetzt 36 Jahre alt und verheiratet. Sie hat einen Sohn von 15 Jahren und eine Tochter von 11 Jahren.

Unsere Brigitte hatte, als sie sechs Jahre alt war, nach Masern eine schwere Lungenentzündung und danach Rippenfellentzündung. Es sind immer Wunder geschehen, daß wir so durchgekommen sind.

1957, am 27. November, sind wir in den Westen ausgesiedelt.

Seit 1966 ist unsere Tochter Brigitte verheiratet und hat zwei Töchter von sechzehn und siebzehn Jahren.

Mein Bericht besteht aus Stichworten zwischen den Zeilen, die Wirklichkeit war schwerer und schrecklicher.

Wir fühlten aber immer Gottes Nähe, und er hat uns gnädig geführt.

Meine Schwiegermutter ist in Pommern, im Alter von 91 Jahren gestorben. Mein Mann hat uns noch in die Bundesrepublik gebracht und ist im Mai 1958 gestorben.

16. Bericht

von Gudrun Schroeder, geb. Mindt
geboren in Bartenstein
jetzt wohnhaft in 2155 Jork

Am 24. Januar 1945 war die Front bereits in bedrohliche Nähe meiner Heimatstadt Bartenstein (Ostpr.) gekommen. Meine Eltern und ich waren in sehr großer Sorge darüber, ob eine Flucht noch gelingen würde. Ich war hochschwanger, und die Entbindung hätte täglich, ja fast stündlich notwendig werden können.

Mein Vater, der prakt. Arzt Dr. med. Mindt, Bartenstein, hatte sich mit dem in Bartenstein befindlichen Feld-Lazarett in Verbindung gesetzt, um zu erfahren, ob und wann ein Lazarettzug Bartenstein passieren würde. Der übrige Bahnverkehr war wegen der Kriegsverhältnisse bereits stark eingeschränkt bzw. hatte vollkommen aufgehört.

In der Nacht zum 24. 01. 45 hatte mein Mann von der Westfront angerufen und dringend darum gebeten, daß ich das bedrohte Bartenstein mit unserem kleinen Sohn Dietmar sofort verlassen sollte. Als Nachrichten-Offizier hatte er die Möglichkeit, mich telefonisch zu erreichen.

Eine Flucht mit dem Auto wäre aussichtslos gewesen. Ich selbst konnte wegen meines Zustandes den Wagen nicht fahren. Mein Vater mußte bei den Patienten bleiben. Außerdem war das Benzin knapp und die Straßen von Flüchtlingstrecks und Militär-

Kolonnen verstopft. Der Pkw hätte auch jederzeit vom Militär beschlagnahmt werden können. So blieb uns als letzte Möglichkeit fortzukommen die Bahn.

Die Lage war sehr ernst.

Gegen Mittag des 24. 01. 45 kam ein Anruf vom Lazarett, daß ein Zug in Kürze aus Richtung Lötzen erwartet werde. Ich wurde von meinem Vater mit allem Gepäck mit dem Auto zum Bahnhof gebracht. Gepackt hatte ich bereits einige Tage vorher. In dem Zug befanden sich außer verwundeten Soldaten wenige Zivilisten. Es gelang mir, in einem Abteil unterzukommen. Es waren darin, wie das bei Lazarettzügen üblich ist, Betten für die Verwundeten übereinander aufgestellt. Einer der Soldaten, der meinen Zustand gesehen hatte, bot mir spontan sein Bett an, mit dem Hinweis, er sei nur leicht verwundet und brauche nicht dauernd zu liegen. Das war großzügig, und ich machte mit meinem 3jährigen Dietmar von der Hilfsbereitschaft Gebrauch.

Der Zug passierte Königsberg. Es war inzwischen Nacht geworden. Wir waren durch Metgethen gefahren, als der Zug unvermutet auf freier Strecke hielt. Alle Zivilisten und einige Rotkreuzschwestern mußten den Zug verlassen. Es hieß, er werde nicht nach Pillau weitergeleitet, sondern sollte zum Lazarett Dommelkeim fahren.

Wir standen bei großer Kälte im Dunkeln hilflos an den Schienen und entschlossen uns dann, mit den übrigen ausgebooteten Mitfahrern, nach Metgethen auf den Gleisen zurückzugehen. Das war für mich besonders schwierig, da ich außer einem ca. 65 Pfund schweren Koffer auch noch einen Rucksack trug und

2 kleinere Koffer, die ich an einem Riemen über die Schulter gelegt hatte. Außerdem mußte ich einen weiteren Koffer mit Babysachen und ein Babykörbchen mitnehmen. Unseren 3jährigen hatte ich an der Hand. Der Lütte hatte meinen alten Schulranzen auf dem Rücken, in welchem ich dicht an dicht Wäsche für ihn eingepackt hatte. Glücklicherweise erkannte meinen hilflosen Zustand ein verwundeter Soldat, der auch ausgestiegen war. Er übernahm den schweren Koffer und versprach, ihn bis zur nächsten Bahnstation zu schleppen. Unsere „Karawane" schlich in der Dunkelheit in Richtung Metgethen. Das Laufen auf den Schwellen war nicht leicht. Als der Morgen graute, kamen wir — und ich besonders — erschöpft auf dem Bahnhof an. Meinen schweren Koffer hatte der freundliche Landser mitgebracht.

Keiner wußte, wie alles weitergehen sollte und würde. Da erschien ein Oberst, der sich, nach langem Hin und Her, mit der Reichsbahnleitung in Königsberg telefonisch in Verbindung setzte. Er bat darum, daß, falls noch ein Zug Metgethen passieren sollte, ein besonderer Wagen für die aus dem Lazarettzug Ausgewiesenen angehängt werde. Nach einiger Zeit kam tatsächlich ein Zug. Er war vollkommen leer. Auf unsere erstaunten Erkundigungen hörten wir, daß kein Zivilist mehr in Königsberg hatte einsteigen dürfen, weil die Stadt Pillau, wohin der Flüchtlingsstrom sich ergoß, überfüllt und bereits Versorgungsschwierigkeiten eingetreten seien.

Das kam uns zugute. Wir fuhren in einem nahezu leeren Zug bis Pillau. Mit uns waren Rotkreuzschwestern, die aus dem aus Bartenstein kommenden Zug ausgewiesen worden waren.

Eine dieser Damen (Schwester Lotte) nahm sich meiner an. Sie war bereits im Lazarettzug um mich besorgt und unterstützte mich.

In Pillau gelang es ihr, das Schiff „Pretoria" ausfindig zu machen. Es handelt sich um einen früheren „Luxus-liner", der nunmehr militärischen Zwecken diente.

Ich weiß nicht mehr, wie ich mit dem großen Gepäck vom Bahnhof zum Hafen kam. Ich entsinne mich aber, daß die „Pretoria", deren Heimathafen Pillau war, für die 1. U-Boot Lehrdivision eingesetzt war. Zum ersten Mal stand eine Fahrt mit Kriegsvertriebenen und Flüchtlingen bevor.

Bei unserer Ankunft kamen sofort Seeleute, die auf dem Schiff Dienst taten, und übernahmen das Gepäck und brachten uns in das Schiffslazarett. Es waren überwiegend Offiziersanwärter (Seekadetten), welche die verängstigten Zivilisten auf das Schiff brachten.

Nach meiner Erinnerung kam ich zwischen 14—15 Uhr an Bord. Unmittelbar nach meinem Eintreffen kam eine weitere angehende Mutti in den Behandlungsraum. Die Sanitäter waren sehr freundlich und trösteten uns aufmunternd, es werde schon alles gutgehen.

Bei mir setzten die Wehen gegen 17.00 Uhr ein. Da es meine 2. Entbindung war, ging die Geburt unseres Sohnes Sigurd relativ rasch und reibungslos.

Es assistierte eine Hebamme, die offenbar von der Schiffsleitung aus der Flüchtlingsmenge ausfindig gemacht worden war. Der Schiffsarzt war ebenfalls anwesend. Er hielt meinen Kopf und drückte irgendwelche Nerven hinter den Ohren ab. Das sollte — es war auch so — die Schmerzen der Wehen mildern. Als der Schiffsarzt dienstlich weggerufen wurde, übernahm seine auch anwesende Ehefrau die Beistands-Funktion und linderte meine Schmerzen, indem sie das Halten des Kopfes fortsetzte.

Um 17.45 Uhr war der Junge — unser Curt-Sigurd — da, gesund und kräftig, 53 cm lang und 3 ½ kg schwer. Den Namen hatten mein Mann und ich bereits vorher abgesprochen.

Mein Vater hatte mir vorsorglich eine medizinische Entbindungsausstattung mitgegeben (wehenanregendes Mittel, schmerzstillendes Mittel . . . pp.).

Diese Medikamente überließ ich dem Schiffsarzt, der sie dankbar annahm, weil ein Marinefahrzeug doch wohl nicht auf Entbindungen eingestellt ist.

Kurz nach der Geburt meines Sohnes Sigurd — es war das erste Kind, das auf der „Pretoria" geboren wurde — kam auch die andere Mutti nieder. Sie bekam auch einen Sohn. Ich weiß ihren Namen nicht mehr und weiß nur, daß ihr Ziel Iserlohn war.

Für die an Bord der „Pretoria" geborenen Kinder wurden von der Schiffsleitung originelle farbige „Geburtsurkunden" mit Störchen und einem Bild des Schiffes angefertigt. Darüber haben wir uns sehr gefreut.

In den darauffolgenden Tagen hielt das Schiff immer wieder, weil es auf langsamere Fahrzeuge, die in dem Geleitzug mitfuhren, Rücksicht nehmen mußte.

Am 26. — ich konnte schon wieder aufstehen — holte mich der Kapitän Schauffel aus dem Sanitätsraum und führte mich auf ein Oberdeck, um mir das grandiose Bild der in Richtung Stettin schwimmenden Flotte zu zeigen. Es herrschte Frost. Die Ostsee war voller Eis.

Es war ein grandioses Bild

Der Kapitän wies mich plötzlich auf eine 200 m vor dem Schiff sich bewegende Schaumwelle hin und sagte dem Sinne nach: „Dieser Gruß (ein Torpedo) kommt von einem U-Boot vom Iwan!" Ich bekam es mit der Angst zu tun.

So friedlich, wie in diesem Augenblick, war die Überfahrt nicht. Wir hörten in unserem Schiffslazarett häufig Flakschießen und Aufregung auf dem Schiff. Wir waren allerdings davon nur sekundär betroffen.

Auf unserem Spaziergang zum Deck mußte ich feststellen, in welchem bedrohlichen Umfange das Schiff überladen war. Wie der Kapitän sagte, waren etwa 6000 Leute auf dem Schiff, mit allem Gepäck, während ⅓ nur zulässig gewesen waren. Die Schiffsleitung hatte es auf eigene Verantwortung genommen, daß möglichst viele Flüchtlinge aus den bedrohten Gebieten des Ostens entkommen konnten.

Der kleine Dietmar war sehr artig. Auch er wurde von dem Kapitän abgeholt und durch das Schiff geführt. Er ging auch mit „dem Onkel" ohne weiteres mit und kam später begeistert zurück, mit dem Ausruf, er habe Apfelsinen und Schokolade bekommen. Diese Leckereien waren in der bedrohten Heimat gegen Ende des Krieges ausgesprochene Mangelware.

In einer Nacht der Überfahrt gab es Alarm mit viel Geschrei und laut hallenden Kommandos. Es stellte sich heraus, daß im Maschinenraum, der sich unter dem Lazarett befand, ein Brand ausgebrochen war. Die Besatzung hatte ihn aber bald wieder unter Kontrolle bekommen. Eine Panik brach nicht aus. Offenbar hatten die meisten Leute die gefährliche Situation nicht erkannt.

Als unser Geleitzug auf der Höhe von Swinemünde war, gerieten wir in den Beschuß der eigenen V-Waffen.

Die V-I und die V-II wurden nach meiner Erinnerung in der Nähe von Peenemünde hergestellt. Zunächst hatten wir den Beschuß als solchen nicht wahrgenommen. Uns fiel lediglich auf, daß das Schiff sehr plötzlich die Fahrt verlangsamte. Ankerketten rasselten und quietschten. Sie wurden beschleunigt herabgelassen. Das Schiff hielt. Wieder war große Aufregung. Beschwichtigend wurde im Schiffslazarett betont, daß keine Gefahr bestünde. Es sei lediglich Beschuß eigener V-Waffen zu verzeichnen gewesen.

Bevor wir in Stettin landen konnten, blieben wir noch eine Nacht auf der Reede. Es mußte, bevor wir anlegen durften, ein beschädigtes Schiff entladen bzw. entsorgt werden.

Das Verlassen des Schiffes war nicht einfach. Die vielen 1000 Flüchtlinge strömten hinunter. Die Schiffsleitung hatte für mich einen Sankra bestellt. Ich wurde auf einer Trage vom Schiff gebracht und hatte auf der Trage auch noch unseren 3jährigen und das Baby. Auf ausdrückliche Anweisung konnte ich Dietmar bei mir behalten. Darüber war ich sehr glücklich; denn wenn das Kind in ein Lager gekommen wäre, hätte ich es später wohl niemals wiedergesehen.

Ich wurde mit den beiden Kindern in Stettin in das Krankenhaus „In der Appelallee“ gebracht. Nach einer Woche kamen wir mit einem Militärzug nach Neuruppin. Von dort wies man uns als Flüchtlinge in ein Quartier bei Dannenwalde ein. Es handelte sich um ein Bahnwärterhäuschen, in welchem wir Unterschlupf fanden.

Die Fahrt mit der „Pretoria“ war glücklich beendet.

Die Odysee durch Mitteldeutschland hatte begonnen.

Nach langen Jahrzehnten erscheint die Flucht über das große Wasser in einem milden Licht. Dennoch waren die Tage ausgefüllt mit Angst und Schrecken und Sorge um die nächsten Angehörigen. Mein Mann stand im Einsatz an der Westfront, meine Eltern blieben im Frontbereich Bartenstein. Ich habe sie nicht mehr wiedergesehen. Sie starben bei Landsberg Ende Januar 1945. Ebenso verloren meine Schwiegermutter und eine Tante nebst ihrem Ehemann das Leben.

Das alles war schrecklich.

Nach 40 Jahren sind die Wunden zwar verheilt. Es blieben Narben. Sie schmerzen noch heute.

Das Fluchtkind Sigurd ist inzwischen Facharzt für Orthopädie.

17. Bericht

von Margarete Kunst
früher Lerdmannsfelde, Kr. Schloßberg
heute Salzgitter, Sternbergstr. 75

Da ich das Schicksal vieler Mütter 1945 geteilt habe, will ich, so weit es geht, in Kürze es aufschreiben. Es würde, wenn man alles berichtet, zu einem Buch ausarten. Die Zeit ist vergangen, alles ist nun viele Jahre her — aber für die nächste und übernächste Generation ist es gewiß wichtig, über ihr und unser Schicksal etwas zu erfahren. Die Kinder, die zu der Zeit geboren und am Leben geblieben sind, haben doch viel leiden müssen, und es hängt ihnen ihr ganzes Leben etwas an. Es sind wohl auch nur die Kinder am Leben geblieben, die eine starke oder, wie man so sagt, „robuste Natur" mitbekommen haben.

Unser Sohn wurde am 22. 1. 1945 in Kreuzberg (Ostpreußen) geboren. Bei einer Hebamme wurde ich aufgenommen, und mein Mann holte mich am 25. Januar wieder heraus. Seit Juli 1944 waren wir ja schon „Wandernde" von daheim, und am 21. mußten wir weiter, da die Front bedenklich nahe war. Ich erwartete das Kind eigentlich erst um den 9. Februar, aber durch die furchtbar schlechten Wege und die Aufregungen setzte die Geburt viel früher ein.

So sind wir immer ein Stückchen weitergefahren. Oft haben auch Soldaten mit uns beiden Mitleid gehabt und uns ein warmes Plätzchen gewährt. Manchmal haben sie mir auch einen kleinen Schubs gegeben, daß ich nicht irgendwo sitzen bleiben sollte. Das war unser Glück. Zum Glück hatten wir auch einen überdachten Wagen, so daß wir doch mehr Schutz hatten vor Wind und Kälte. Manchmal konnte ich auch die Windeln trocknen, aber oft war es schwierig, sie trocken zu bekommen; so habe ich sie am Körper nachgetrocknet.

Die furchtbarste Strapaze war die Fahrt übers Haff vom 13. zum 14. Februar. Bei Sturm und Regen haben wir eine Nacht und einen Tag gestanden, da ein schwerer Gummiwagen eine Brücke über die Fahrrinne blockiert hatte. Die Schwester und die Mutter meines Mannes waren auch mit, so daß ich Hilfe hatte.

So haben wir uns bis Pommern durchgeschlagen. Bei Danzig konnten wir bei einer Familie Quartier machen, wo wir schon bei der ersten Flucht 1914 aufgenommen worden waren. Da konnten wir uns nun ein wenig erholen.

Am 9. 3. kamen wir untern Russen, mein Mann kam in Gefangenschaft, und wir haben uns bis Herbst so recht und schlecht durchgeschlagen. Der Kleine hat da am meisten gelitten. Meine Milch versagte. So fanden wir auf einem Taubenschlag (ohne Tauben), wo wir uns aufhielten, einen Sack Hafer. Den Hafer haben wir gekocht und den Schleim durchgedrückt, und so haben wir den Kleinen ernährt. Mitte Juni hieß es, die Säuglinge sollten einen Liter Milch bekommen. Vorher hatte eine auslandsdeutsche Familie eine Kuh, und sie gaben eine Tasse Milch für uns ab. Die mischten wir durch den Haferbrei. Unsere Mehlvorräte gingen auch zur

Neige; so hatten wir nur noch Kartoffeln. Aber die ganze Verdauung des Kleinen ließ sehr zu wünschen übrig. Auch die Unsauberkeit spielte eine große Rolle. Beim Zusammenbruch waren tausend Menschen auf dem Hof. Es gab keine Toiletten und kein Wasser. Das Wasser wurde aus dem Teich geholt. Draußen wurde gekocht. Die Kleinkinder starben alle. Sie wurden aber nicht auf dem Friedhof beerdigt; das war verboten. So wurden sie im Wald in Koffern, Kistchen, Pappkartons beerdigt, und es dauerte gar nicht lange, so war ein ganzer Friedhof entstanden.

Später zogen wir von dort fort. Wir hatten schon einen Raum für uns und vor allen Dingen Wasser. Im Juli war der Kleine sehr, sehr krank. Er war nur still und hatte immer Temperatur. Allmählich gab sich das, und die Oma kümmerte sich um ihn. Wir Frauen mußten ja alle arbeiten, um Lebensmittel zu bekommen. Die Kinder mußten ja auch leben.

Im Oktober bekamen wir Befehl, daß alle Frauen mit Kindern über die „Odderr“ müßten, wie man sagte. Wir hatten es schon selbst ins Auge gefaßt, aber wir wußten, daß wir dann das Letzte verlieren, denn die Räuberei war schlimm genug. Bis November zogen sich die Vorbereitungen hin. Wir hatten für jeden ein Rucksäckchen und ein Bettstück gepackt. Für den Kleinen hatte ich einen Kinderwagen organisiert, doch von Lauenburg bis Scheune war alles ausgeräubert. Wir standen vor dem Nichts, die Kinder auf dem Arm. Wir hatten keine Windeln mehr.

In Angermünde ging ich betteln, von Haus zu Haus, um Kinderwäsche. Man bekam manche bitteren Worte zu hören, aber es gab auch mitleidige Seelen. Die Kirche schaltete sich da schon ein und kochte Kartoffeln, das war schon etwas.

In Berlin kam der Kleine ins Krankenhaus, er war nur noch Haut und Knochen, aber er lebte. Da fand sich auch mein Mann ein, und es ging wieder voran. Der Kleine ist heute der Einzige, der in unserer Nähe geblieben ist, aber wie gesagt, er war oft aufgeregt. Der Lehrer hat mir auch bestätigt, daß der ganze Jahrgang so unruhig gewesen sei. Ja, er hat ja schon alles mitbekommen im Mutterleib — im Mai und Juni sahen wir doch schon, was auf uns zukommt — und es ist immer bloß mit Aufregungen gegangen. Heute ist er verheiratet, hat eine ruhige Frau — das gleicht viel aus — und zwei Söhne von zehn und sieben Jahren.

Bärbel Beutner

Aufenthalt in Stolp

Mein erster Aufenthalt in Stolp dauerte vier Wochen, der zweite, vierzig Jahre später, einige Stunden. Stolp blieb für mich eine Zwischenstation, unbekannt, mit verschwommenen Eindrücken, ohne eine greifbare Beziehung.

Stolp ist meine Geburtsstadt, ein Zufall, und zwar ein recht glücklicher, weil meine Mutter sich doch noch rechtzeitig zur Flucht aus dem Dorf nahe bei Königsberg entschlossen hatte, weil der Chauffeur des kleinen Fluchtautos unter Aufbietung aller seiner Kräfte Stolp doch noch erreicht hatte, obwohl schon überall die russischen Panzer standen, weil die Frauenärztin, die meine Mutter seit Jahren betreut hatte, ihre Praxis nach Stolp verlegt hatte, weil es halt eben so sinnlose Zufälle im Leben gibt, sagen die einen, weil es Bestimmung war, sagen die anderen...

Nun steht in meinen Papieren — im Paß, in Zeugnissen, Karteien, Diplomen —, daß ich aus Stolp in Pommern sei. Aber ich bin nicht von dort, ich bin dort nur geboren, und meine Mutter betonte stets, mit Pommern hätten wir doch gar nichts zu tun.

Unvergeßlich bleibt mir meine Immatrikulation an der Westfälischen Wilhelms-Universität in Münster, die zu meiner Zeit persönlich und mit langem Warten vor sich ging. Als die Reihe an mir war, warf mir der Verwaltungsbeamte einen durchdringenden Blick zu. „Sie sind in Stolp geboren?“ fragte er. „Welche Erinnerungen haben Sie an Stolp?“

„Gar keine!“ antwortete ich. „Ich wurde nur dort geboren!“

„Man kennt doch seine Geburtsstadt!“

„Aber ich war vier Wochen alt, als wir weiterflüchteten. Über Danzig nach Dänemark...“

„Ihre Eltern werden Ihnen doch etwas über Stolp erzählt haben!“ bohrte er weiter.

„Nein, meine Eltern kennen Stolp auch nicht! Wir sind nicht von Stolp!“

Er gab sich nicht so recht zufrieden. Dann brachte er meine Papiere in Ordnung und bemängelte meine Studienfächer. Eine solche Fächerkombination ginge nicht gut, meinte er und schlug mir andere Fächer vor. Ich ging nicht auf seinen Vorschlag ein. „Sie haben einen pommerschen Dickkopf!“ stellte er fest.

„Nein, einen ostpreußischen!“ antwortete ich. Kopfschüttelnd ließ er mich gehen.

So begann mein vom Lastenausgleich finanziertes Studium mit einer Anekdote. Bis zu den Ostverträgen dauerte es noch einige Jahre.

Stolp verfolgte mich. Das fremde Wort begleitete meine Kindheit. Ich war an einem Ort geboren, unter dem ich mir als Kind gar nichts vorstellen konnte, der nur immer wieder als eine erste Rettungsstation dargestellt wurde. Wir lebten in unserer westfälischen Kleinstadt, hatten alles in allem Glück gehabt, waren rechtzeitig „herausgekommen“, hatten die Flucht und das Lager überstanden, eine Wohnung gefunden, mein Vater hatte eine Stellung — geordnete Verhältnisse, aber nie wieder Wohlstand, nie wieder Sorglosigkeit. In den engen Räumen der Sozialwohnung wurde die verlorene Heimat zum Paradies. Das Landgut, das weitläufige Haus, die Pferde und Hunde, das Dorf am Pregel, Königsberg mit seiner alten Geschichte und Größe, die Familien auf den Nachbargütern — all das bekam den Glanz eines vergangenen Glücks. Die Flucht lieferte an manchem Sonntagnachmittag, an manchem Familienfest den Gesprächsstoff. Dabei war ich stets das „Fluchtkind", an dem wir immer sehen können, wie lange wir schon von zu Hause weg sind.

Erst am 23. Januar 1945 verließ meine Mutter Heiligenwalde, und auch nur, weil ein Regimentskamerad meines Vaters kam und ihr erklärte, daß es die allerhöchste Zeit sei. Die „höchste Zeit" war es eigentlich schon lange, Flüchtlinge aus dem Osten belegten das Haus, auch das ein gewohnter Zustand, aber nun kamen sie nicht mehr von der Wolga oder aus der Ukraine, sondern aus Wehlau und Gumbinnen. Der Russe stand schon jenseits des Pregels. Unser Haus diente der Wehrmacht als Meldestation.

Irgendwann am Vormittag fuhren sie los, von Königsberg auf der Autobahn nach Elbing, die völlig leer war, weil Beschuß drohte und die Panzer der Russen schon in den Waldstücken am Rande standen. Als sie in Elbing ankamen, wurden die Brücken gesprengt. „Und am Abend stand der Russe in Elbing!" lautete diese Stelle in der Erzählung meiner Mutter stets. Angesichts der gesprengten Brücken ging es weiter nach Stolp. Die Wehen setzten ein.

Aber sie schafften es bis Stolp, die Flüchtlinge, und die Geburt ging in der Klinik vor sich. Gleich am nächsten Tag, an einem Sonntagmorgen, wurde getauft, und den Taufschein stellte der Pfarrer der St.-Otto-Kirche aus.

Alles war fremd, zufällig, provisorisch, vorübergehend. In einer verlassenen Wohnung hatten sie unterkommen können, in der Nähe des Bahnhofs muß es gewesen sein, denn täglich gingen meine Geschwister und unser Kindermädchen zu den Zügen, mit denen immer mehr Flüchtlinge ankamen, um nach weiteren Verwandten Ausschau zu halten. Nur vom Bahnhof konnten sie etwas erzählen, von einer Geschäftsstraße in der Nähe des Bahnhofs und von der Klinik, in deren Nähe sie gewohnt hatten.

Nichts verband mich mit Stolp. Wenn ich einem Pommer oder gar Stolper begegnete, so mußte ich ihn gleich enttäuschen, falls er sich über die gemeinsame Herkunft freute. „O nein, ich bin nur in Stolp geboren! Ich habe gar nichts damit zu tun!“ Ein Bekannter brachte mir von einer Reise eine polnische Speisekarte von einem Stolper Restaurant mit, eine liebe Geste, nur paßte seine Bemerkung „Aus der Heimat!“ gar nicht so recht.

Königsberg wurde meine Heimat, meine Vaterstadt, in die die Wurzeln reichten, unbekannt und doch vorstellbar, nie gesehen und doch irgendwie vertraut, unbetretbar und doch so oft aufgesucht in Studien, Tagträumen, Begegnungen. Die Speicher an der Mottlau in Danzig fotografierte ich vierzig Jahre später, weil mich diese Abendstimmung an Königsberg erinnerte. Die älteren Leute, die Königsberg kannten, gaben mir recht, als sie das Foto sahen; das Déjà-vu hatte funktioniert.

Die Heimat am Pregel war verloren. Was konnte dagegen ein Ort bedeuten, an dem man durch Zufall — Glück oder Unglück? — geboren war? „Natürlich sind Sie Ostpreußin!“ sagte ein lieber alter Freund, ein überzeugter Königsberger, zu mir, und das tat mir wohl; denn nicht genug damit, die Heimat verloren zu haben: die Tatsache, nicht einmal mehr dort geboren zu sein, machte das Heimatrecht vollends zunichte, auch in den Augen der eigenen Angehörigen.

Und dann kam ich nach Stolp, in den unbedeutenden Geburtsort, vierzig Jahre nach Kriegsende, nach Flucht und Vertreibung, anderthalb Generationen später.

Ich fuhr mit einer westdeutschen Reisegruppe. In Stettin hatten wir bereits schwarz getauscht; ein etwa dreißigjähriger Pole mit einem drolligen Schnäuzer war unserem Bus zwei Tage lang gefolgt und hatte eins zu hundertundfünfzig geboten. Sein Jeans-Anzug dokumentierte seine Westkontakte. Nun ging es weiter nach Danzig. In Stolp wurde zum Mittagessen gehalten.

Aufgeregt war ich dann doch. Bewußt hatte ich mir Stolp als weißen Fleck bewahrt und alle Studien über die Stadt und ihre Geschichte auf später verschoben. Die unbekannte, fremde Geburtsstadt wollte ich bei der ersten Begegnung fremd und unbekannt erleben.

Die Touristen aus Westdeutschland werden von den Polen gastfreundlich aufgenommen. Die Reisegruppen erhalten von Orbis die besten Hotels und eine Verpflegung, die kalorienbewußten Verbrauchern ein schlechtes Gewissen verursacht. Das unbehagliche Gefühl gegenüber den Polen, die seit vierzig Jahren in den Läden Schlange stehen, wird mit Diskusssion, aber mehr noch mit reichlichen Mitbringseln überspielt. Der Gepäckraum unseres Busses war mit Paketen vollgstopft, und auf den hinteren Sitzen stapelten sich weitere. Kaffee, Toilettenartikel, Schokolade, Strumpfhosen — es hat sich herumgesprochen, was man so einzupacken hat.

Meine Erklärung, in Stolp geboren zu sein, machte auf unseren polnischen Reiseführer überhaupt keinen Eindruck. Er betreut seit Jahren die Heimat-Touristen (oder Heimweh-Touristen) aus Westdeutschland. „Mein ältester Gast war einmal eine neunzigjährige Dame“, erzählte er. „ Sie stammte aus Stettin. Sie wollte zum letzten Mal ihre Heimatstadt sehen!“

Auch aus unserer Reisegruppe machte sich ständig jemand mit dem Taxi auf den Weg. Ein Ehepaar fuhr von Stettin aus zum Elternhaus der Frau, ein anderes Ehepaar fuhr von Stolp aus zum Elternhaus des Mannes. Man forschte in den Gesichtern der Zurückkehrenden nach dem Eindruck. Tränenspuren gab es nicht. Man war schon mal dort gewesen, kannte die polnischen Bewohner, wußte, wie es inzwischen dort ausssah. Auch daran war zu merken, wie lange die Ostverträge schon wieder zurücklagen. Alles könnte Geschichte, Vergangenheit sein.

Wenn nur die Landschaft nicht wäre, die pommersche Landschaft, die wir an einem sonnigen Junitag durchfuhren! Der weite blaue Himmel Pommerns mit den weißen Wolken — er kommt nicht nur in mitunter sentimentalen Heimatliedern vor, es gibt ihn wirklich. Und weit, weit erstrecken sich Felder und Wiesen, ein Meer von Land, nur begrenzt durch den Horizont. Kleine Baumgruppen beleben die ausgedehnten Flächen. Vereinzelte Höfe, kleine Dörfer mit niedrigen Bauernhäusern verlieren sich in diesem Ozean von Land.

Gehört und gelesen habe ich viel über diese Landschaft, aber Sehen ist etwas anderes. Gelbe Kornfelder unter blauem Himmel, ein Fichtenwald, ein schläfriger Hund in einem Hof, vereinzelt Pferde auf einer ausgedehnten Koppel — und wieder das endlose Gelb eines Kornfeldes unter dem weiten Himmel — das Auge ermüdet, irgendwann gesättigt von Schönheit und Weite. Als wir Stifters „Brigitta" lasen, waren wir ungefähr vierzehn; ich kann nicht einmal mehr sagen, ob es dort steht, das Erlebnis einer Wanderung durch die Pußta, tagelang unter einer strahlenden Sonne durch ein unendliches Land von unsagbarer Schönheit. Und dann ermüdet gerade diese Unendlichkeit, und gerade der Schönheit wird der Wanderer überdrüssig.

„Dämonie dieser Landschaft" habe ich einmal in einem Vortrag über Pommern gehört. Noch weiß ich nicht, worin die Dämonie verborgen liegt.

„Slupsk" zeigte den Besuchern aus dem Westen zuerst die Neubaugebiete, Hochhäuser und Wohnblocks. 90 000 Einwohner hat die Stadt, hörten wir dazu aus dem Mikrophon von unserem polnischen Reiseleiter, eine Stadt mit verschiedenartiger Industrie: Leder, Holz, Metall, verschiedene Lebensmittel, mit einer Pädagogischen Hochschule und einem reichen Musikleben. Slupsk sei die größte Stadt in der Wojewodschaft Koszalin, hörten wir, und ich las es in einem polnischen Reiseführer nach.

„Welche Erinnerungen haben Sie an Stolp?"

„Gar keine! Ich wurde dort doch nur geboren!... Es war doch Krieg, und wir waren auf der Flucht..."

„Sie sollten aber einmal hinfahren zu Ihrem Geburtsort, mein Fräulein! Das ist sozusagen Ihre Pflicht! Man muß doch seinen Geburtsort kennen..."

Ich wollte Stolp doch auch kennenlernen, aber dann kam ich in die polnische Stadt Slupsk...

Der Bus fuhr eilig durch die Innenstadt, eine mittelgroße Stadt mit Neubauten, aber auch mit Jugendstilhäusern und Gebäuden aus deutscher Zeit. Immer wieder roter Ziegelstein: eine Kirche, ein Tor, ein großes Gebäude, das ich später als das Rathaus ausfindig machte.

Unser Ziel war das Waldrestaurant, wo das bestellte Mittagessen und der evangelische Pastor der kleinen Stolper Gemeinde auf uns warteten. Es war schon recht heiß geworden, wir hatten Glück, hatten einen sonnigen Tag in diesem verregneten Sommer erwischt. Die schattigen Bäume taten uns wohl, als wir vor dem Restaurant anhielten. Später las ich über den „Waldkater", früher ein Schafzuchtgebiet, dann ein beliebtes und gut ausgebautes Naherholungsgebiet für die Stolper. Auch in deutscher Zeit gab es dort ein großes Restaurant.

Wir betraten ein sehr schönes Lokal, das rustikal und doch teuer und elegant aussah, ein eingeschossiges Gebäude, das von außen eher klein wirkte, aber innen mehrere großzügige Räume hatte. Wir saßen an zünftigen Holztischen auf Holzbänken. Rotkarierte Sitzkissen und Decken, entsprechende Gardinen und Strohblumen unterstrichen den rustikalen Eindruck. Die Reisegruppe ließ sich gut gelaunt und hungrig nieder.

Wieder einmal hatte ich die Stadt Stolp nicht betreten. Es tat gut, nicht allein zu sein. Das polnische Bedienungspersonal, höflich und freundlich, verstand kein Wort Deutsch. Man beschäftigte auffallend hübsche Mädchen in diesem Lokal der gehobenen Preisklasse. Sie servierten uns ein Menü, das später in unserem Reisebericht lobend erwähnt wurde: eine Cremesuppe mit Walnüssen, Wildbraten mit Klößen, dazu einen Salatteller und ein Dessert aus süßem Milchreis mit Früchten und Sahne. Der Genuß konnte die Erinnerung tatsächlich verdrängen. Es war ja nicht meine eigene Erinnerung, die mir auflauerte. Und doch waren mir stets die Ereignisse in Stolp vor vierzig Jahren vertrauter als manches, was ich selbst erlebt hatte.

Den Flüchtlingen war für die erste Nacht ein Quartier in einem dunklen und unheimlichen Haus zugewiesen worden. Unser Kindermädchen erzählte immer wieder schaudernd und zugleich amüsiert von den vielen Katzen und einer alten Hexe dort, die ihnen kein Bett anbot. Selbst meine Mutter, unmittelbar vor der Niederkunft, habe die Nacht auf dem Fußboden zubringen müssen. Das Hexenhaus war auf keinen Fall wiederzufinden; niemand hatte sich gemerkt, wo es war. Am nächsten Tag allerdings, als meine Mutter in die Klinik ging, sah sich Frau Dr. R., ihre Ärztin, das Quartier an, erklärte, dort könnte sie nicht bleiben, und brachte sie in eine Wohnung nahe bei der Klinik. Die Inhaberin dieser Wohnung war bereits geflohen und hatte alles zurückgelassen.

Das nächste Stolper Detail wurde folglich der Strandanzug. Vier Wochen später, Ende Februar, ging ein Lazarettzug von Stolp nach Danzig. Einige Waggons waren für Wöchnerinnen reserviert, da der Russe schon kurz vor Stolp stand. Frau Dr. R. gab den Frauen den Rat und die Erlaubnis, sich etwas von den herrenlosen Sachen der Wohnungsinhaberin mitzunehmen. Unser Kindermädchen nahm sich nun einen Strandanzug mit, sonst nichts, worüber sich meine Tante Jahrzehnte nach der Flucht noch nicht beruhigen konnte. „Und da kommt mir doch im Lager (in Dänemark) eines Tages die Lisbeth in einem Ding für den Strand entgegen! Hochelegant! Ich frage sie, wo sie das herhat, und sie sagt, das sei aus der Wohnung von dieser Studienrätin in Stolp! Anstatt sich einen Wintermantel mitzunehmen oder sonst etwas Vernünftiges! Die Lisbeth war ein leichtsinniges Ding!“ Arme Lisbeth! Neunzehn Jahre war sie alt und sollte auf der Flucht immer nur vernünftig sein.

Und doch, als die nette Serviererin mir den Kaffee hinstellte, einen richtigen polnischen Kaffee, aufgegossen und in einem Glas, da stieg mir der Gedanke an die Flucht in die Kehle, und keine von diesen Anekdoten war dabei, die immer zum sonntäglichen Kaffeetisch im Westen gehört hatten. Hier kamen andere Dinge an die Oberfläche.

Meine Mutter hatte stets unter Thrombosen an den Beinen gelitten. Die Geburt auf der Flucht hatte das Leiden verschlimmert. Auch in der besagten Wohnung der Studienrätin hatten sie abwechselnd auf dem Fußboden schlafen müssen, denn es gab nicht genug Betten für alle. Es war sehr eng dort für die vielen Personen; die Epoche der engen Wohnungen hatte für uns begonnen, unwiderruflich. Heute müssen bei mir immer alle Türen offenstehen, sonst wird mir die Luft knapp. Die Enge hat doch recht lang gedauert. Mein Großvater ging mit achtzig Jahren auf die Flucht. Er überstand alles, vielleicht auch deshalb, weil er sein Zuhause im Westen hatte. Die Verwandten aus dem Westen waren bei uns evakuiert. Aber meine Großmutter verlor ihre Heimat, siebzigjährig. Ich verstand es erst bei ihrer Beerdigung zwanzig Jahre später, als sie, so sehr alt geworden, in Lübeck in die Erde gesenkt wurde, sie, die Ostpreußin, seit Generationen, die immer auf dem eigenen Land gelebt hatte.

Der erste Schmerz über die weit entfernte, die unerreichbare Heimat, empfunden auf dem Lübecker Friedhof an einem Vormittag in goldener Septembersonne. Meine Mutter war so alt wie ich, die ich jetzt in dem polnischen Restaurant vor meinem Kaffee saß, als sie hochschwanger mit zwei kleinen Kindern auf die Flucht ging. Eine Tante kam um, eine andere kam erst 1947 aus Königsberg, mein Vetter erzählt nie von seiner Odyssee, als er neunjährig, allein nach Litauen zog nach dem Tod seiner Mutter. Seine Schwester, zwei Jahre älter, schweigt auch. Vereinzelte Sätze habe ich aufgeschnappt, mehr nicht. Tapfer waren sie alle.

Inzwischen war der evangelische Pastor eingetroffen und begrüßte die Glaubensbrüder aus Westdeutschland. Nach dem Essen sollte es noch einmal in die Stadt und in die evangelische Kirche gehen. Wieder paßte ich genau auf, als der Bus durch die unbekannte Stadt fuhr. Stolp in Pommern. Manche Häuser wirken verfallen, in manchen Straßen ist das Pflaster schlecht. Zwei Fixpunkte hatte ich: die Klinik, in der ich geboren wurde, und die St.-Otto-Kirche, von der mein Taufschein stammt. Beides konnte ich nicht finden, und selbst wenn ich ausgestiegen und durch die Stadt gewandert wäre, hätte ich allein ohne einen polnischen Helfer nichts finden können, denn ich war ja in einer doppelt fremden Stadt, in der unbekannten Stadt, deren Sprache ich nicht verstehen konnte.

Wir betraten die Lutherkirche. Sie ist 1860 als protestantische Kirche gebaut worden und nach 1945 auch eine protestantische Kirche geblieben. Sie ist klein und nicht in gutem Zustand, innen eiskalt trotz des warmen Tages. „Ein Stall!“ sagte jemand mißbilligend. Sie war arm und bescheiden, diese Kirche, und sie paßte viel besser zu meinem Stolp als die Gebäude im Reiseführer oder gar das üppige Restaurant.

Der Pfarrer schilderte uns das Leben der kleinen übriggebliebenen Gemeinde, die sich bis Köslin erstreckt und die er unter Schwierigkeiten zu betreuen hat. Von dem ersten Teil seiner Ausführungen hörte ich nichts. In dieser alten Kirche, als West-Touristin fremd im fremden Stolp, fand ich mich mit unserer Flucht ab, nicht als die gerechte Strafe oder die ausgleichende Gerechtigkeit für die kollektive Schuld, sondern als Bestandteil unseres Weges, meines Lebens, irgendwo mit einem Sinn versehen, um den wir uns halt bemühen müssen.

Vor der Kirche schien wieder die Sonne. Da stand eine alte Frau neben unserem Bus, im Gespräch vertieft mit den anderen Reisegefährten und bereits mit Schokolade und Nescafé beschenkt. Ja, sie sei in Stolp geboren und nach dem Krieg hier geblieben. Sie sei Deutsche. Da faßte ich mir ein Herz. „Kennen Sie eine Frau Dr. R.?" fragte ich sie. „Ja, aber die Dame ist jetzt im Westen. Einmal vor einigen Jahren ist sie aber noch hier zu Besuch gewesen!" „Frau Dr. R. hat mich auf die Welt geholt!" erklärte ich. „Ich bin hier geboren!" „Jaja, sie war Frauenärztin. Hier an der Klinik!" Ich hielt ihr die Postkarten hin, die wir bekommen hatten, und bat sie, mir die Klinik zu zeigen. Sie war nicht abgebildet. Der Bus hupte bereits. Wir wollten weiter. Da fragte ich nach der St.-Otto-Kirche. „Das ist eine ganz kleine Kirche", erklärte sie. „Allein können Sie sie nicht finden!" Wieder hupte der Bus. Der Pastor kannte die alte Frau, versprach mir, sie weiter zu fragen und mir zu schreiben. Wir fuhren los.

„Die Vergangenheit saß auf der Treppe..." Zwar war es nicht genauso wie die Begegnung des Gerhard Koslowski mit der alten Frau in der Erzählung von Arno Surminski, aber eine Begegnung hatte ich auch gehabt in meinem unbekannten Geburtsort.

Wieder ging es durch das schöne Land, wieder dehnten sich die Felder, duckten sich die kleinen Dörfer im Sonnenschein. Weite, Weite, unendliche

Schönheit! Ich fuhr unseren Fluchtweg nach. Nach Westen ging es damals — nach Westen geht es auch heute noch. Plötzlich ist eine deutsche Großmutter gefragt, will man mit einem entsprechenden Ahnenpaß in die Freiheit oder doch in die goldene Welt des Konsums gelangen. Damals bedeutete der Westen das Überleben. Aber unsere Fährte verläuft nicht so gradlinig. Von Stolp aus ging es wieder zum Osten, nach Danzig, denn von dort gab es ein Entkommen über das Meer.

Die Fahrt damals in dem überfüllten Lazarettzug — wie oft wurde sie mir geschildert! Man war mitgekommen — das war das Wichtigste. Auch der Fliegeralarm unterwegs hielt sich in Grenzen. In den Gängen lagen die Verwundeten. Meine Tante war energisch; sie drang zu einem Kanonenöfchen vor, das irgendwo im Zug aufgestellt war, und wärmte das Babyfläschchen. Ich brüllte, weil die Windeln nicht gewechselt werden konnten. Mein Großvater saß stundenlang neben einem Toten. „Was hat denn der Opa da gemacht?" fragte ich meine Mutter immer wieder. „Er hat wohl gebetet für den toten Mann!" sagte sie einmal. Da gab ich mich zufrieden.

Vierzig Jahre später. Ich hatte mir zuvor nie bewußt gemacht, daß damals diese Fahrt durch das Pommerland ging. Der Winter, die Todesnot hatten der Vorstellung von diesem Land keinen Platz gelassen. Erst jetzt eroberte es sich seinen Platz bei mir, und da war es denn doch ein gut vorbereiteter Platz. „Ihnen muß Pommern doch gefallen!" sagte ein Reisegefährte zu mir. „Es hat Ähnlichkeit mit Nordostpreußen. Genauso flach und weit ist es dort um Königsberg auch!"

Erst in Danzig kam die große Müdigkeit. Das Luxushotel ging mir auf die Nerven; ich wollte allein sein, zog mich in das komfortable Zimmer zurück und vermied den angepriesenen Blick auf die Ostsee. Von Gotenhafen (Gdingen) aus waren wir damals mit der „Potsdam" weggekommen. Auch diese Tage „auf dem Schiff" wurden oft rekapituliert. Verwundete konnten kaum versorgt werden. Säuglinge bekamen Ernährungsstörung, weil es keine Milch gab, die drangvolle Enge auf dem Schiff, die Verminung der Ostsee — Not und Gefahr auf dieser Fluchtreise, die von Danzig aus ihren Anfang genommen hatte. Und nun saß ich vierzig Jahre später in Zoppot im „Hotel Marina", freundlich empfangen von dem polnischen Personal, vor dem Fenster des Appartments die Ostsee schimmernd im Abendlicht. Plötzlich konnte ich es nicht mehr ertragen.

Auch dieser Gemütszustand ging vorüber. Die Flucht rückwärts zeigte mir die Marienburg, das Ziel der Hochzeitsreise meiner Eltern vor genau fünfzig Jahren. „Wenn man zu euch fuhr, sah man die Marienburg vom Zug aus!" hatte mir eine Tante am Abend vor der Abfahrt gesagt. Die Flucht rückwärts zeigte mir Masuren, die Seen und die Störche, und schmerzhaft waren die vielen verschluckten Tränen.

„Das war nicht nur ein altes Land mit alten Häusern und alten Bäumen, sondern auch mit alten Erinnerungen, die aus dem Unbewußten aufstiegen, längst Verschüttetes freilegten: Gesprächsfetzen aus der Kindheit, Besuch bei einer Leiche, verdrängte

Vorwürfe und Entschuldigungen. Von wegen ausruhen, bräunen, im Wasser plantschen und durch unversehrte Natur spazieren...! Es kam von innen, es brach die Kruste auf" (Arno Surminski, Polninken, Hamburg 1984, S. 85).

„Nie wieder fahre ich hin!" sagt manch einer von den Heimatvertriebenen. Die Enttäuschung vieler Heimweh-Touristen, hervorgerufen durch die Konfrontation mit einer anderen Welt als die, die man damals als Flüchtling verlassen hat — wer könnte sie nicht verstehen. Enttäuschungen blieben mir erspart, als ich in mein unbekanntes Geburtsland kam, auch das ein Vorteil der Nachgeborenen. Dafür kam mir neue Kraft. Das weite Land hat mir gezeigt, wie groß der Teil der Welt ist, zu dem ich gehöre und aus dem ich leben kann. „Alles meins, alles meins!" sagt Maximiliane von Quindt, als sie als Kind über die weiten Felder des pommerschen Gutes Poenichen läuft.

Unser katasteramtlich festgelegter Besitz ist dahin. Völkerrechtliche Ansprüche gehören zu den schwierigsten Problemen unserer politischen Realität seit Jahrzehnten. Ja sogar um den teuer bezahlten Aufenthalt müssen wir geduldig und höflich bitten. Wenn wir die Besuchserlaubnis erhalten, sind wir sehr glücklich und halten jede Minute der kostbaren Tage fest. Für manche Gebiete bekommen wir die Erlaubnis gar nicht.

Und doch ist alles meins. So groß ist das Land, von dem ich nehmen kann, so unendlich in seiner Weite, seiner Schönheit, seiner Vergangenheit und Gegenwart. Ich habe, wie alle andern auch, eine alte

Heimat im Osten und eine neue Heimat, ein Zuhause im Westen, aber meine alte Heimat ist größer, viel größer als die meiner Geschwister. Ich habe eine Vaterstadt und eine Geburtsstadt, und beide sind alt und bedeutsam und unerschöpflich. Ich bin sehr reich.

Stolp ist eine alte wendische Siedlung, deren Reste sich unter der heutigen St.-Otto-Kirche befinden. Aus dem 13. Jahrhundert gibt es die ersten Urkunden, auch die ersten deutschen Siedler werden dann erwähnt, und die ersten Kirchengründungen fallen ebenfalls ins 13. Jahrhundert. Ich habe alles nachgelesen. Ein Nonnenkloster gab es und ein Dominikanerkloster. 1310 erhielt die Siedlung die Rechte einer deutschen Stadt.

Wie mag das Leben in dieser Stadt gewesen sein? Handwerker gab es, die Wollweberstraße ist ein interessanter Name. Holz wurde verarbeitet, Honig hergestellt. Wichtig war stets der Handel; Stolp wurde 1382 eine Hansestadt und hatte vor allem Verbindung mit den Niederlanden. Stoffe wurden für die dortigen Gewandschneider geliefert.

Alles erlebte diese Stadt: Krieg und Brand und Pest. Sie erholte sich immer wieder. Ihre Bewohner waren fleißig. Man muß staunen über die Anzahl von Fabriken und Betrieben, die es bereits im 18. Jahrhundert gab, Wollwebereien, Lederfabriken, Tabakfabriken — ich bin stolz, wenn ich es nachlese.

Ein besonders dramatisches Ereignis war die Reformation. In ganz Pommern wurde die Reformation gern und schnell angenommen, in Stolp aber kam es zu großen Auseinandersetzungen. Ein abenteuerlicher

Zeitgenosse, Dr. Johannes Amandus, kam 1524 aus Königsberg nach Stolp und hielt dort am 27. November, am ersten Adventssonntag, seine erste Predigt. Er muß ein Demagoge gewesen sein; bereits in Königsberg hatte er dafür gesorgt, daß das aufgehetzte Volk das Franziskanerkloster stürmte. Auch in Stolp kam es zum Klostersturm. Die Dominikanerkirche wurde zerstört, Mönche und Nonnen retteten nur das nackte Leben.

Ich las es mit großem Interesse. Ich werde mich in die Geschichte Stolps vertiefen, ich studiere Bildbände über meine Geburtsstadt. Die flüchtigen Eindrücke erweisen sich denn doch als recht nachhaltig. Ich erkenne das Rathaus wieder und die Marienkirche, die Schloßkirche und das Neue Tor. Ich finde auf Fotos endlich die St.-Otto-Kirche. Ein altes Foto vom Markt, dem Mittelpunkt seit Gründung der Stadt, aus dem Jahre 1915 zeigt Bäuerinnen in langen Röcken, Jungen im Matrosenanzug, Herren mit steifen Hüten. Der Name Gelbstein springt mir in die Augen. Nachher entdecke ich die Namen Friedlaender und Blaustein an anderen Geschäften. Die Synagoge war ein großes stattliches Gebäude, die Stolper Gemeinde muß begütert gewesen sein. Mag man sich streiten, ob meine Generation die Schuld geerbt hat — die Wunden haben wir geerbt.

Aus Stolp ist Post gekommen, geduldige Antwort auf meine Fragen. Die Klinik lag in der Bahnhofstraße, in der ul. Wojska Polskiego, und ist heute ein Wohnhaus, die „Tauf"kirche steht heute in der ul. Grottgera. Postkarten sind dem Brief beigelegt, Aufnahmen vom Neogotycki ratusz, vom Gotycka Nowa

Brama in Slupsk. Eine Aufnahme von dem Waldrestaurant, in dem wir zu Mittag gegessen haben, freut mich, denn ich habe meine Postkarte verloren. Karczma „Pod Kluka“ heißt es.

Natürlich werde ich schreiben. Ich werde auch zum Stolper Heimattreffen gehen. Die Stolper sind besser dran als die Königsberger. Sie können die Verbindung mit ihrer Heimatstadt pflegen, auch das ein Vorzug, den ich mit ihnen teilen will.

Vielleicht bekomme ich noch einmal ein Visum von den Polen. Der Aufenthalt in Stolp soll länger werden. Stolp war zweimal für mich die kurze Zwischenstation, eine Stadt, in der ich nur kurz bleiben konnte, von der aus ich weiter mußte, einmal nach Westen, einmal nach Osten. Keine Zeit haben, nicht verweilen können — das widerfuhr mir in Stolp, einmal, weil uns der Krieg vor sich hertrieb, und vierzig Jahre später, weil wir uns einem Lebensrhythmus unterworfen haben, der uns keine Ruhe läßt, der den Götzen Zeit auf den höchsten Thron gehoben hat.

Und doch möchte ich heimisch werden in der Stadt meiner Geburt, ein Wunsch, kaum zu verwirklichen, viel schwerer auszuführen als eine Auswanderung nach Amerika. „Hauptsache ist das Pommersche, und das hat sich noch immer als das Stärkere erwiesen“, sagt der alte Quindt, und er fährt fort: „Am Ende sind aus Goten, Wenden und Schweden, die alle einmal hier gesessen haben, gute Pommern geworden.“ Aber was ist mit denen, die nicht mehr dort sitzen, die nur flüchtig hindurcheilen? Können auch sie etwas von der pommerschen Stärke mitbekommen?

Ich hoffe es, seit meinem Aufenthalt in Stolp.

Bärbel Beutner

Stolp ist überall

„Sie ist eine tapfere junge Frau geworden!“ schreibt eine Mutter über ihre Tochter, die auf der Flucht geboren wurde. „Alle Kinder sind tüchtige Menschen geworden, das Fluchtkind auch!“ heißt es in einem anderen Brief.

Berechtigter Stolz klingt aus diesen Worten. Man hat unter so schweren Bedingungen ein Kind zur Welt gebracht, es am Leben erhalten, es großgezogen, und nun zeigt sich die Frucht all dieser Mühen in einem tapferen und tüchtigen Menschen. „Ich glaube schon, daß es etwas zu bedeuten hat, auf der Flucht geboren zu sein“, äußert sich eines der Fluchtkinder zaghaft.

Vielleicht sollte man doch einmal die Überlegung wagen, worin diese Bedeutung liegen mag.

Wenn man nachliest, was die Mütter an Aufregungen, Anstrengungen, Strapazen und Gefahren durchgestanden haben, hochschwanger und als Wöchnerinnen, so muß man sich fragen, wie ein Mensch so viel aushalten kann. Die meisten Mütter fragen sich das selbst in ihren Berichten. Sie versuchen Erklärungen zu geben. „Wir haben Glück gehabt!“ heißt es oft, oder: „Es kam unerwartet Hilfe!“ oder, am häufigsten: „Gott schützte uns!“

Die extremen Umstände, unter denen das Kind kam, verlangten von der Mutter extreme Leistungen. Man könnte nun von einem „Auslese-Prinzip“ sprechen, nach dem die besonders Starken und Widerstandsfähigen überleben. Die Eingliederung der Vertriebenen hier im Westen scheint diese These zu bestätigen. Prozentual zur einheimischen Bevölkerung erreichten sie auffallend viele Spitzenpositionen, ihre Kinder besuchten in größerem Prozentsatz höhere Schulen und absolvierten ein akademisches Studium, die Vertriebenen bauten in auffälliger Anzahl Eigenheime und hatten einen niedrigen Prozentsatz von Kriminellen und Asozialen. So gesehen scheint es, als hätten die „Tüchtigen“ die Flucht überlebt.

Doch eine „natürliche Auslese“ im Sinne Nietzsches anzunehmen, wäre eine gefährliche Vereinfachung und eine böse Verunglimpfung der vielen Opfer. Die stärkste Konstitution nützte nichts, wenn man im Eis einbrach oder unter Beschuß geriet; der stärkste Überlebenswille konnte gebrochen werden, wenn man den Russen in die Hände fiel oder gar verschleppt wurde; und die erfahrenste Mutter war machtlos, wenn sie für ihr erkranktes Kind keine Medizin und nichts Eßbares mehr auftreiben konnte. Glück und Hilfe mußten schon hinzukommen, und vor vielen Jahren fiel mir ein Brief meiner Großmutter an meinen Vater in die Hände, in dem sie angesichts ihres Lebensweges schreibt: „In wieviel Not hat nicht der gnädige Gott über dir Flügel gebreitet!“ Wahrscheinlich ist das doch das Entscheidende.

Die dann die Flucht überlebt hatten, verfügten sicher über besondere Widerstandskraft und Durchstehvermögen. Das galt gewiß auch für die Kinder. Es mag heute unbegreiflich erscheinen, wie Säuglinge und Neugeborene unter diesen Umständen überleben konnten und sogar noch schwere Krankheiten überstanden. Wenn sie „durchkamen", wurden sie tüchtige Menschen. Auch hier könnte man das „Auslese Prinzip" vermuten und davon ausgehen, daß es sich um besonders kräftige und gesunde Kinder gehandelt haben müsse. Doch auch das wäre eine vordergründige Erklärung.

Welche „Vorteile" konnten sich für Fluchtkinder ergeben? Die Frage mag paradox und im Anschluß an die vorliegenden Berichte geradezu sarkastisch klingen. Und doch: die extremen Umstände brachten es mit sich, daß den Säuglingen unbewußt und instinktiv in vielen Fällen eine besondere Zuwendung zuteil wurde. Die Mütter setzten alles daran, ihre Kinder am Leben zu erhalten; das Kind wurde in dem Chaos von Verlust und Zerstörung das Wertvollste, was einem geblieben war. Man ließ es nicht einen Augenblick aus den Augen oder gar allein. Kein Baby lag allein in einem komfortablen Kinderzimmer, ohne Stimmen oder sonstige Geräusche zu hören; kein Kind blieb isoliert, wenn die „Großen" etwas unternahmen. Die drangvolle Enge in Zügen, Massenquartieren und Notunterkünften verhinderte zumindest den Hospitalismus.

„Wir haben alle darauf geachtet, daß wenigstens der Kleine es warm hatte und satt wurde!" sagte einmal eine ältere Kommilitonin zu mir, die einen „kleinen" Bruder in meinem Alter hatte, den man damals mit vereinten Kräften durch die schwere Nachkriegszeit bringen mußte.

„Ein neugeborenes Kind rührt auch an die verhärtetsten Herzen und an unheilgewohnte Augen. Da war jemand noch ärmer als man selbst, noch hilfloser. Man brachte dem Kind ein paar Scheite Holz, eine Schüssel Haferflocken, ein wollenes Einschlagtuch, eine Flasche Petroleum..., Armut gibt der Armut gern', ein Lesebuchgedicht. Keiner wollte so arm sein, daß er nichts zu verschenken hätte" (Christiane Brückner, Nirgendwo ist Poenichen, Berlin 1977, S. 32).

So weit, so gut. Aber es gab auch Gegenbeispiele: Mütter, die völlig abgestumpft waren, die krank wurden oder vor Erschöpfung zusammenbrachen. Und oft wurden Mutter und Kind abgewiesen und verjagt. Auch diese Kinder überlebten und wurden „zu tüchtigen Menschen".

Wie haben sich die vielfältigen Erlebnisse ausgewirkt? Wie bestimmten die frühkindlichen Eindrücke von Angst, Not, Verzweiflung, Hilfe, Zuwendung und Lebensgefahr die Entwicklung dieser Kinder? Antworten können wir nicht geben, wissenschaftliche Untersuchungen liegen nicht vor, aber den Fragen wollen wir ein wenig nachgehen.

Keines der Fluchtkinder hat eigene Erinnerungen an diese Zeit; sie alle sind auf die Erzählungen anderer angewiesen. Das macht die Sache schwierig. Es läßt sich nicht nachweisen, was eigene Wahrnehmungen oder die Folgen von Erzähltem sind.

Eine genaue Unterscheidung von Erzähltem und eigener Erinnerung liefert der Bericht von Sabine

Beckmann, einer der wenigen, die von dem Fluchtkind selbst verfaßt worden sind. Er zeigt, wie exakt die Information über die Flucht und die Geburt sind. Es scheint auf den ersten Blick ein sachlicher Bericht zu sein, doch zwischen den Zeilen steht manches zu lesen.

„Mein Vater war noch fast am Ende des Krieges, Anfang Mai, in russiche Gefangenschaft geraten. Meine Mutter flüchtete am 21. Januar 1945 aus der Frauenklinik in Allenberg, Kreis Wehlau zunächst zu Fuß zum Bahnhof nach Wehlau, von dort mit dem Güterzug, in dem verwundete Soldaten waren, bis Königsberg. Von Königsberg ging es mit dem Schiff mit der Kinderklinik weiter bis Kolberg, von Kolberg mit der Bahn bis Dresden. Dort blieb sie drei Tage. Dann nach Liegau-Augustusbach, Kreis Radeberg im Erzgebirge in ein Mütterentbindungsheim. Dort wurde ich am 3. 2. 45 als Sabine Muisus geboren und am 1. 4. 45 (1. Ostertag) in der evangelischen Kirche zu Radeberg getauft.

Hiernach ging es abermals zu Fuß auf die Flucht vor den Russen, bis wir zunächst nach Jena kamen. Von dort wurden wir mit der Bahn nach Bad Sulza in Thüringen befördert, wo wir zunächst eine Bleibe fanden.

Diese Information habe ich nur durch Erzählungen. Erst Ende 1949 war mein Vater aus russischer Gefangenschaft heimgekehrt; er wurde nach Bad Lauterberg im Harz entlassen.

Somit versuchten wir schwarz über die Grenze zu gelangen. Hier sind nun meine ersten Erinnerungen die, daß es auch hier Schwierigkeiten gab. Wir wollten nachts über die Grenze, aber es kamen Schatten auf uns zu, und wir mußten abermals zurück, bis wir es am nächsten Abend wieder versuchten und auch schafften. Die nächste Erinnerung ist dann nur, daß ich im Westen auf einer Bank schlief. Meine Mutter erzählte mir, daß es auf einer Bahnhofsbank in Friedland war.

Mein Vater holte uns vom Bahnhof in Scharzfeld ab. Ich sah ihn zum allerersten Mal, und auf der Fahrt nach Bad Lauterberg bekam ich meine erste Tafel Schokolade. Ich sehe sie noch heute vor mir, es war eine kleine 50 gr. Tafel Stockmann-Schokolade im roten Papier.

In Bad Lauterberg verlebte ich dann meine Kindheit. In Bad Sulza war ich schon zweimal, aber in meinem Geburtsort noch nie, und in die Heimat meiner Eltern werde ich wohl nie kommen, was sehr schade ist, da ich viel vom Erzählen über die Heimat erfahren habe.

Dieses wäre ein kleiner Abriß meiner ersten Lebensjahre.“

Sabine Beckmann, geb. Muisus

Eine kleine Tafel Schokolade ist eine der ersten deutlichen Erinnerungen, die erste Schokolade, die es gab. In allen Berichten finden sich Hinweise auf Ernährungsstörungen, Hungerschäden, Nahrungssorgen. Bewußt haben es die Kleinkinder nicht erlebt. Hat die Erfahrung von Hunger im Babyalter Folgen?

Nahrung bedeutet Zuwendung. Dabei ist nicht nur die Nahrungsaufnahme von Bedeutung, sondern auch die körperliche Nähe der Mutter, ihr Körpergeruch, die taktile Verbindung. Untersuchungen haben gezeigt, daß Heimkinder, die mit der Flasche und wegen Personalmangels ohne Körperkontakt genährt wurden, Störungen davontragen. Was geschieht nun, wenn die Mütter dieses Grundbedürfnis nach Nahrung nicht befriedigen können? Auf jeden Fall wird die Nahrungsaufnahme zum Problem. Die meisten Fluchtkinder erlebten extremen Hunger, wenn auch unbewußt. Ob ein zwiespältiges Verhältnis zur Nahrung im späteren Alter darauf zurückzuführen ist, bliebe zu untersuchen; es mag von Fall zu Fall verschieden sein.

„Man päppelte uns auf!“ schreibt ein Fluchtkind vierzig Jahre später. „Die vorhandene und beschaffte Nahrung wurde mir und meiner Mutter nötigenfalls aufgezwungen (in der Nachkriegzeit, besonders nach der Währungsreform). Noch heute — so habe ich manchmal das Gefühl — leide ich unter der Furcht, zu verhungern, wenn ich nicht esse. So leide ich permanent unter Übergewicht — wenn auch bescheiden — und unter hartnäckigster Akne, die u. U. auch mit der frühkindlichen Ernährung zusammenhängt.“

Ein anderes Fluchtkind erinnert sich an eine Art Magersucht während der Pubertät. Ernährungsstörung auf der Flucht ist auch in diesem Fall verbürgt. Wie paßt das zusammen? In beiden Fällen, so können wir nur feststellen, hat sich eine problematische Beziehung zur Nahrung herausgebildet.

Die Akne, von der das oben zitierte Fluchtkind spricht, mag vielleicht noch tiefere Ursachen haben. Mit der frühkindlichen Ernährung kann es zusammenhängen, doch es gibt eine Untersuchung von

René Spitz über Ekzembildung, beobachtet an Säuglingen unter bestimmten Bedingungen. Unbewußte Ängste und Konflikte der Mütter werden von dem Kind wahrgenommen, auch wenn die Mutter sich bemüht, nicht entsprechende „Signale" auszusenden. Gerade dann erfährt, oder besser, erspürt das Kind die widersprüchlichen Mitteilungen, die dem Baby ja nicht durch Worte, sondern durch das ganze Verhalten der Mutter zukommen. René Spitz spricht in dem Buch „Vom Säugling zum Kleinkind" von pathologischen Fällen, von Müttern, die ein gestörtes Verhältnis zu ihrer Mutterschaft und eine gestörte Beziehung zu ihrem Kind haben. Äußerlich bemühen sich die Mütter um die nötige Zuwendung, sind aber zugleich ihren eigenen Konflikten ausgeliefert und geben diese — unbewußt und verschlüsselt — an das Kind weiter. „Es (das Kind) ist ständig den affektiven Signalen seiner Mutter ausgesetzt, die dem *Anschein* nach der jeweiligen Situation entsprechen. Aber im nächsten Augenblick macht sich ihr unbewußter Konflikt wieder bemerkbar, die Angst steigt in ihr auf, sie unterdrückt alle Signale, nur um zu einer Überkompensierung des Grundes ihrer Angst überzugehen und Signale auszusenden, die ihren Gefühlen gerade entgegengesetzt sind, obwohl sie bei nächster Gelegenheit ebensogut die Signale übertreiben kann, die zu ihren Gefühlen passen" (René A. Spitz, Vom Säugling zum Kleinkind. Naturgeschichte der Mutter-Kind-Beziehungen im ersten Lebensjahr, Stuttgart 1974, S. 251).

Die Nöte der Flucht müssen nun beileibe kein gestörtes Verhältnis zum Kind mit sich gebracht oder unbewußte Konflikte bei den Müttern berührt haben.

Aber auch wenn die Mütter sich liebevoll und besorgt dem Kind zuwendeten — wie sollten sie ihre durchaus bewußten und berechtigten Ängste und Nöte beherrschen? Auch wenn sie sich zur Ruhe beim Stillen zwangen — wie sollten sie die Aufregungen unterdrücken, wenn sie plötzlich weitermußten oder der nächste Angriff kam?

Die Wahrnehmungen der Neugeborenen sind noch nicht in dem Sinne entwickelt. Der Säugling unterscheidet noch keine Gesichter, Gebärden, Geräusche. „Für das Neugeborene besteht die Umwelt gleichsam aus einem einzigen Individuum, der Mutter oder der Ersatzmutter. Sogar dieses einzige Individuum wird von dem Neugeborenen nicht als eine von ihm selbst gesonderte Einheit wahrgenommen. Es ist ganz einfach ein Teil in der Ganzheit seiner Bedürfnisse und ihrer Befriedigung" (a.a.O., S. 33). So René Spitz.

Folglich laufen auch die Wahrnehmungen des Säuglings sozusagen über die Mutter, und angsterregende ‚Nachrichten' bekommt es ebenfalls auf diesem Wege. „Daß solche Ängste das Kind wirklich sehr wesentlich beeinflussen, haben Anna Freud und Dorothy Burlingham (1943) bei ihren im Krieg an Flüchtlingskindern durchgeführten Untersuchungen beobachtet. Ihre Beobachtungen zeigten, daß Kleinkinder bis zum Alter von drei Jahren während der Schrecken des ‚Blitzkrieges' in London nur dann ängstlich wurden, *wenn ihre Mütter von Angst befallen wurden.* Die Kleinkinder blieben *unberührt von äußeren Reizen*, bis ihnen die Bedeutung dieser Reize durch die *affektive Einstellung ihrer Mütter* übermittelt wurde" (René Spitz, a. a. O., S. 250).

Wieviel offenen und unterdrückten Signalen von Angst die Fluchtkinder ausgesetzt waren, läßt sich unschwer vermuten. Es muß sich durchaus nicht zwangsläufig daraus ergeben, daß sie „gestört“ und „geschädigt“ sind; entscheidend ist, wie auch René Spitz immer wieder betont, die innere Einstellung der Mutter zu dem Kind; aber die Belastungsfaktoren lassen sich nicht leugnen.

Was mag sich nun auf die Fluchtkinder besonders ausgewirkt haben? Wie kann man hier überhaupt zu Beobachtungen oder Vermutungen kommen? Zunächst einmal müssen Überlegungen in dieser Richtung überhaupt „gestattet“ sein. Das ist durchaus nicht selbstverständlich, bzw. es war für die angesprochenen Jahrgänge nicht immer selbstverständlich, über diese Zusammenhänge nachdenken zu dürfen. „Das ist ja alles Blödsinn!“ meinte ein Vater zu einem Gespräch, in dem die Frage angedeutet wurde, ob die auf der Flucht geborenen Kinder nicht noch etwas „mitbekommen“ oder „abbekommen“ haben könnten. „Das Kind ist im Mutterleib vollkommen geschützt!“

Diese lautstark vertretene These mag wissenschaftlich nachprüfbar sein oder nicht — sie sagt unabhängig davon mehr über ihren Vertreter aus, als diesem bewußt ist. Die Generation der Eltern und Erzieher der Fluchtkinder, die „Erlebnis-Generation“ also, stand einer Vielzahl von Problemen gegenüber, von denen eines die Verarbeitung der Kriegserlebnisse war. Jahrelang wurde diese Verarbeitung oder Aufarbeitung hintenangestellt, war sogar Tabu. Wirtschaftliche Not, Verlust der Heimat, Kriegsopfer in fast allen Familien, Existenzkampf, neue, fremde

Umgebung, in der man sich erst wieder Ansehen verschaffen mußte — es kam einfach zuviel zusammen. Das Eingeständnis, wie sehr der Krieg der eigenen Seele geschadet hatte, durfte nicht so ohne weiteres gemacht werden. Man mußte stark sein, besonders die Väter. Es galt, die Rolle des Versorgers, des Familienvorstandes zurückzuerlangen. Die Frauen hatten während des Krieges allein ihren Mann stehen müssen, Kinder und Großeltern durch manche Not und Gefahr gebracht und so ein entsprechendes Standvermögen und eine natürliche Selbständigkeit erlangt. Nun wurde zurückgedreht. Man sehnte sich in der allgemeinen Zerstörung und Verunsicherung nach festen und sicheren Lebensstrukturen. Die aus dem Krieg heimgekehrten Väter fanden herangewachsene Kinder vor. Es fehlten Jahre, es fehlten Erinnerungen an erste Schritte und Worte, es fehlten gemeinsame Weihnachtsfeste und gemeinsame Ferien.

Über die Kriegserlebnisse selbst wurde entweder geschwiegen, oder man verharmloste sie zu Anekdoten. Der Opa, der von seinem Enkel gefragt wird, wozu man denn die anderen Soldaten gebraucht habe, gehört zum Witz-Repertoire der Wochenendbeilage der Tageszeitung. Wenn man sich selbst so wenig gestattete, die Schrecken des Krieges und der Flucht aufkommen zu lassen, so mußte man es bei der nächsten Generation erst recht unterbinden. Diese konnte gar nichts bewußt erlebt haben und wollte dazu noch auf mögliche Schäden verweisen; das war zu verhindern. Verständlich ist diese Haltung im Nachhinein, nur hat sie wohl ihre Wirkung auf die nachfolgende Generation gehabt.

Es bestand eine merkwürdige Gespaltenheit dem Krieg und der Flucht gegenüber. Einerseits wurde viel erzählt; die Flucht dürfte wohl das Thema so mancher Familienunterhaltung gewesen sein. Man scheute auch nicht davor zurück, die Schrecken zu schildern. Anderes dagegen wurde verschwiegen, durfte nicht angesprochen werden, ohne ersichtlichen Grund. Warum wurde beispielsweise eine Krankheit immer wieder geschildert, so lebensbedrohend sie doch gewesen war, während ein gestohlener Wintermantel beharrlich tabuisiert wurde? War das eine weniger schlimm gewesen als das andere? So genau das Fluchtkind über die Flucht informiert wurde — es gab Einzelheiten, die erst nach Jahren, und da noch durch Zufall, verlautet und auf Nachfragen nicht einmal genauer erklärt wurden.

Was René Spitz für die Steuerung des kindlichen Verhaltens durch die Mutter während der Säuglingsphase vermutet, gilt sicherlich ebenso für die Aufnahme von Eindrücken und ‚Nachrichten': „Ich bin überzeugt, daß nicht die bewußten Handlungen der Mutter das größte Maß an Erleichterung für die Handlungen des Kindes bieten, sondern vielmehr ihre unbewußte Handlung" (René Spitz, a. a. O., S. 141).

Nicht nur das, was gesagt und gestattet wird, wirkt also, sondern auch das, was verschwiegen, unterdrückt, verboten und verdrängt wird, ob bewußt oder unbewußt. Und sicher nicht nur in Bezug auf die Mütter, sondern innerhalb des ganzen sozialen Umfeldes, in dem die Fluchtkinder aufwuchsen.

Tapfer begab man sich daran, wieder eine Existenz zu gründen. Die Erlebnisgeneration trug ihr Schicksal mit einer bewundernswürdigen Haltung. Erst jetzt, Jahrzehnte später, entsteht eine Bereitschaft zur Anerkennung dessen, was diese Generation doch ertragen und geleistet hat; das gilt für alle, nicht nur für die Vertriebenen. Diese hatten alles verloren, und „hier im Westen" mußten sie sich in „veränderte Verhältnisse" einfinden. Die „veränderten Verhältnisse" waren durchweg schlechter. Man klagte nicht. Das gehörte sich nicht. Schließlich ging es Millionen anderen genauso. Diszipliniert fand man sich hinein in die veränderten Verhältnisse. Es gab kein unbeherrschtes Weinen, keine Nervenzusammenbrüche, keine Gewalttaten.

Aber die Verluste wogen schwer. Verlust der Heimat, Verlust des Vermögens, Verlust des sozialen Status. Verzichte bestimmten fortan das Leben, einfach deshalb, weil man sich vieles nicht mehr leisten konnte. Aber selbst wenn man es sich hätte leisten können: für das Verlorene wäre es doch kein Ersatz gewesen.

Der Glanz und das Glück der verlorenen Heimat wurden ebenso beschworen wie die Schrecken der Flucht. Beides hatte das Fluchtkind nicht eigentlich miterlebt. Das wurde im Laufe der Jahre sein Fehler, fast sogar eine Art Schuld. Weil es die Heimat nicht kennengelernt hatte, war es zu bedauern; außerdem konnte es nicht mitreden darüber. Weil es auf der Flucht geboren war, war es auch zu bedauern, aber zugleich zu beneiden, denn es hatte die Flucht nicht bewußt miterlebt.

Wo war seine Heimat? Es war ja nicht einmal mehr da geboren, wo die anderen herstammten. Es hätte also eigentlich unbeirrt in die neue Heimat hineinwachsen können. Doch genau das ging nicht so ohne weiteres. Daß zu Hause alles besser und schöner gewesen sein sollte, ging zwar irgendwann auf die Nerven. Und irgendwann wollte man nichts mehr davon hören, erst recht nicht mit dem typischen Zusatz: „Ja — du kennst das eben nicht!" Aber auch diese Abwehr konnte nicht verhindern, daß die alte Heimat mächtiger war, daß man „hier" eben doch nicht so ganz hingehörte. Auch wenn man hier lebte und aufwuchs, behielt das Leben hier etwas Vorläufiges, Zufälliges, denn „eigentlich" hätte man ja nicht hier sein sollen. Die Wirklichkeit des Lebens hier blieb fragwürdig, wenn man sich auch völlig hineinfand. Das Bewußtsein blieb merkwürdig gespalten.

„Persönlich, finde ich, ist man wohl doch durch den Umstand, auf der Flucht geboren zu sein, geprägt", schreibt ein Fluchtkind. „Beispielsweise bin ich in den 40 Jahren meines Lebens elfmal umgezogen. Natürlich nicht vorsätzlich, aber ich habe wenig Heimatgefühl. Jede Gegend Deutschlands wäre mir recht, wenn sie mir Geborgenheit bieten würde."

Es gibt das genaue Gegenbeispiel. Ich konnte unsere kleine Stadt im Westen nicht verlassen. In den engen Gassen unseres Städtchens war es am sichersten. Eine merkwürdige Zwiespältigkeit stellte sich im Laufe der Jahre ein. Zum einen herrschte der Wunsch nach Ferne und Weite, zum anderen der Zwang, im vertrauten Bereich zu bleiben. Hier kannte man alle, hier war man Jahrzehnte nach der Flucht nicht mehr fremd. Bloß nicht in die Fremde! Bloß nicht irgendwo fremd sein!

Also blieb ich in unserer Kleinstadt, in eng begrenzter Umgebung, zusammen mit denselben Menschen von Kindheit an. Wenn mir das Fragwürdige meines Tuns bewußt wurde, tröstete ich mich mit Kant, der ja auch zeitlebens in Königsberg geblieben war. Oder Kafka, der sich nie von Prag hatte lösen können.

Wie dem auch sei: im einen wie im anderen Fall gilt nicht die einfache Tatsache, daß man von da oder dort herstammt und eben von diesem sicheren Herkunftsort aus die Welt durchstreifen kann. Dabei hat man aber zugleich die Heimat nicht eigentlich verloren, da man dort ja nicht einmal mehr geboren ist.

Die Heimat wirklich verloren hatten die anderen, die Eltern und Geschwister, und sie hatten zudem alles verloren, was früher dazugehörte. „Heute nacht habe ich von zu Hause geträumt!“ erzählte meine Mutter an irgendeinem Sommermorgen. „Und als ich dann aufwachte und die Wände hier sah...“ „Wenn man sich überlegt, was früher einmal selbstverständlich war...“ „Daß die Kinder mal so aufwachsen würden!“ „Ihr dürft doch nicht ganz vergessen, wo ihr herkommt...“

Wie sollte man ihnen die Verluste wiedergutmachen? Wie ihnen die veränderten Verhältnisse, die sie klaglos ertrugen, erleichtern? Rücksicht verstand sich von selbst, ständiges Bemühen, Fehler zu vermeiden, Störungen zu vermeiden, Erwartungen zu erfüllen, ebenso. Das Schlimmste, was passieren konnte: Enttäuschungen zu verursachen. Und darüber hinaus gab es noch Schlimmeres: Schande herbeiführen, Ehrenrühriges verschulden, sei es durch schlechtes Benehmen oder durch schlechte Leistungen; denn wir hatten doch nur noch den guten Namen, alles andere war doch verloren.

Daraus ergab sich ein besonderes Leistungsdenken. Wir hatten die Erfahrung gemacht, daß man alles verlieren kann, nur nicht das, was man im Kopf hat. In unserem Lateinbuch stand dann auch dieselbe Weisheit der alten Römer. Also wurde dafür gesorgt, daß diese unverlierbaren Güter erworben und erhalten werden konnten. Besonders viele Kinder von Vertriebenen besuchten Gymnasien und wurden Akademiker. Sie hatten keine Höfe und keine Geschäfte mehr, die zu übernehmen waren, und schlugen einen ganz anderen Weg ein.

Abgesehen davon mußte man auch durch besondere Leistungen wettmachen, daß man nun doch zu einer anderen Schicht gehörte. „Ihr seid eben Flüchtlinge!" sagten selbst die nächsten Verwandten, wenn man erzählte, daß bei anderen Leuten manches anders war als bei uns. Das waren wir zweifellos. Dinge bekamen Symbolwert. Andere Kinder wohnten beispielsweise in den Häusern, in denen schon ihre Eltern aufgewachsen waren. Sie besaßen ererbtes Spielzeug. Sie besuchten den Bauernhof ihres Onkels. Sie fuhren in den Ferien schon mal an die Nordsee; ihre Eltern brauchten nicht mehr alles anzuschaffen.

Aber mehr noch galten die Worte unseres Musiklehrers. „Bettina!" sagte er zu einem Mädchen, „du kannst uns doch bestimmt erzählen, aus welchem Holz der Flügel ist!" Bettinas Vater betrieb nämlich eine große Möbeltischlerei, jeder kannte ihn, jeder kannte den Namen und die Werkstatt, und man wußte auch, wie Bettinas Großvater einmal angefangen hatte. Für uns galt so etwas nicht. Wir waren eben Flüchtlinge.

Auch dabei waren wir, wie bei der verlorenen Heimat auch, nicht die Haupt-Verlustträger. Das blieben unsere Eltern und Großeltern; wir hatten es dagegen schon wieder gut, und es gab dadurch die unausgesprochene Forderung, auf die Erlebnisgeneration Rücksicht zu nehmen und ihr Schicksal zu erleichtern. Vieles verbot sich angesichts der Verluste und Verzichte, die die Erlebnisgeneration zu tragen hatte. Wie konnte man sich unbeschwert vergnügen, wo diese doch den Krieg erlebt hatte? Wie konnte man etwas unbeschwert genießen, was für Eltern und Großeltern unwiederbringlich vorbei war? Wie konnte man Anspruch auf etwas erheben, was jene verloren hatten?

Das Fluchtkind hatte zudem besonderen Grund, auf die Forderungen und Wünsche anderer zu horchen, denn es hatte viele Opfer verursacht. Seine Bedeutung lag zwischen den beiden Polen: „Dem Kind verdanken wir es, daß wir alle herausgekommen sind!“ (denn Wöchnerinnen und Mutter mit Kleinkindern wurden bevorzugt) und: „Was hatten wir doch für eine Mühe, das Kind durchzubringen!“ Jeder hatte etwas getan: auf Tee oder Milch für das Kind verzichtet, Hilfe geholt, etwas abgegeben, einen Platz geräumt. Das Fluchtkind konnte schon in eine Art „Rückzahlungszwang“ geraten, denn zahlreich waren die Wohltaten, zahlreich demzufolge die Ansprüche auf Dankbarkeit.

Das galt natürlich besonders für die Mutter, die Übermenschliches für das Kind getan hatte. „Sie können Ihrer Mutter gar nicht dankbar genug sein!" sagte eine Bekannte zu mir; ich war inzwischen dreißig. „Auf der Flucht gab es Säuglinge, die waren so wund — da war nur noch das rohe Fleisch !"

Natürlich war ich dankbar, und andere werden es ebenso gewesen sein. Daß derartige „Aufrechnungen" überaus negativ wirken können, ist schon längst kein Geheimnis mehr. Die Pädagogik lehrt es uns, und auch ohne die wissenschaftliche Unterweisung wird man mit natürlichem Gefühl sagen können, daß es unsinnig ist, für die Zuwendung Kindern gegenüber später „Dank", „Anerkennung", „Wiedergutmachung" zu fordern. Kafkas „Brief an den Vater" enthält aufschlußreiche Passagen über dieses Beziehungsproblem zwischen den Generationen. „Es schien Dir etwa so zu sein", schrieb Kafka in dem „Brief an den Vater", den dieser nie zu Gesicht bekommen hat: „Du hast Dein ganzes Leben schwer gearbeitet, alles für Deine Kinder, vor allem für mich geopfert, ich habe infolgedessen ‚in Saus und Braus' gelebt, habe vollständige Freiheit gehabt zu lernen, was ich wollte, habe keinen Anlaß zu Nahrungssorgen, also zu Sorgen überhaupt gehabt; Du hast dafür keine Dankbarkeit verlangt, Du kennst ‚die Dankbarkeit der Kinder', aber doch wenigstens irgendein Entgegenkommen, Zeichen des Mitgefühls..." (Franz Kafka, Brief an den Vater, in: Das Kafka-Buch, hrsg. von Heinz Politzer, Fischer-Bücherei Nr. 708, S. 13).

Das betonte Nicht-Verlangen von Dankbarkeit ist in Wirklichkeit die massivste Forderung danach, und die Aufzählung, was man selbst alles ertragen und mitgemacht hat, kann ebenfalls in die Richtung wirken, von der nächsten Generation Verständnis und darüber hinaus eine Art Wiedergutmachung zu verlangen. Auch dazu gibt es Beispiele in Kafkas „Brief an den Vater": „Seit jeher machtest Du mir den Vorwurf, daß ich dank Deiner Arbeit ohne alle Entbehrungen in Ruhe, Wärme, Fülle lebte. Ich denke da an Bemerkungen, die in meinem Gehirn förmlich Furchen gezogen haben müssen, wie: ‚Schon mit sieben Jahren mußte ich mit dem Karren durch die Dörfer fahren.' ‚Wir mußten alle in einer Stube schlafen.' ‚Wir waren glücklich, wenn wir Erdäpfel hatten.' ‚Jahrelang hatte ich wegen ungenügender Winterkleidung offene Wunden an den Beinen.' ‚Von zuhause bekam ich gar nichts . . .! Aber trotzdem, trotzdem — der Vater war immer der Vater. Wer weiß das heute! Was wissen die Kinder! Da hat niemand gelitten! Versteht das heute ein Kind?" (a. a. O., S. 26)

Josef Rattner kommentiert diese Stelle in seiner Schrift „Kafka und das Vater-Problem" folgendermaßen: „Der Kundige wird keinen Zweifel darüber haben, daß dies ein *Liebeswerben* der Eltern darstellt; indem sie auf Dankbarkeit tendieren, hoffen sie auf Liebe" (Josef Rattner, Kafka und das Vater-Problem. Ein Beitrag zum tiefenpsychologischen Problem der Kindererziehung, München 1964, S. 43). Aber: „Aus solchen Äußerungen, in denen wir Liebesbedürfnis erahnen, hört das Kind nur den Vorwurf heraus, der es leidvoll von seinen Eltern trennt. Sein Schuldgefühl wird vergrößert und breitet sich über sein ganzes Dasein aus. Gewissen wird von ihm als *schlechtes Gewissen* erfahren, ohne daß es genau wüßte, was es eigentlich verbrochen hat. Es krankt an „unbewußter Moralität", einer überspannten Moral allerdings, die auf dem ungesunden Boden des elterlichen Lamentos und der kindlichen Zerknirschtheit erwuchs" (a. a. O., S. 44).

Kafkas Fall ist sicherlich extrem, und die Schlußfolgerung, daß die gesamte Nachkriegs-Generation unter solchen Eltern-Beziehungen gelitten habe, wäre fatal. Aber in dieser Vergrößerung zeigt sich ein Belastungsmoment, das halt, durch die Ereignisse Krieg, Flucht, Not hervorgerufen, vorhanden sein konnte.

Durch das, was die Mütter durch die Geburt auf der Flucht mitgemacht hatten, konnten sich Verpflichtungen für die Fluchtkinder ergeben, bewußt oder unbewußt eingefordert. Das geschah jedoch nicht unbedingt auf dem Wege des Vorwurfs oder des Konflikts; die Fluchtkinder entwickelten eine besondere Bereitschaft für die Erwartungen und Wünsche der Mütter. So erhofften die Mütter Rücksicht, weil sie Schweres erlebt hatten, wenn sie es auch nicht ausdrücklich sagten. Mitunter wurde es sicherlich auch ausgenutzt. „Wenn man den Krieg und die Flucht miterlebt hat, kann man eben vieles nicht mehr!" hieß es dann. Und damit konnte manches abgeblockt werden: unerwünschtes Verhalten der Kinder, unliebsame Gesprächsthemen, erwartete Auseinandersetzungen mit irgendwelchen Fragen oder Problemen.

Doch viel nachhaltiger wirkte das, was an besonderen Erlebnissen weitergegeben worden war, mit oder ohne Worte. Die Kinder der Erlebnisgeneration tragen doch einiges an Erinnerungen ihrer Mütter mit sich herum. Unvermutet kann das, was „unsere Mütter mitgemacht haben", vor einem erstehen. Jahreswende 1978/79. Eine Schneekatastrophe war, ihren Anfang von Schleswig-Holstein nehmend, über die Bundesrepublik hereingebrochen. Verkehrschaos allüberall. In Lübeck hatte ich unsere Tante besucht und war nun schon einmal auf dem Hauptbahnhof Hamburg. Man mußte einfach zusehen, wann man einen Zug mitbekam; Fahrpläne, Platzkarten, Intercity-Zuschläge waren außer Kraft gesetzt. Auf den Bahnsteigen gab es kein Durchkommen mehr zwischen Menschen und Koffern. Widerstreitende Auskünfte tönten aus den Lautsprechern. Irgendwann wurde ein Zug Richtung Köln eingesetzt. „Da kann man sich einmal vorstellen, was unsere Mütter während des Krieges mitgemacht haben!" sagte eine junge Frau zu mir, als es uns gelungen war, in den Zug einzusteigen. Die Fluchtsituation hatte sich eindeutig wiederholt.

Tiefere Vergangenheit: unsere Schulzeit. Wir machten, fünfzehn- und sechzehnjährig, eine Klassenfahrt und schliefen in einer Jugendherberge in zwei Schlafsälen mit je zwanzig Betten. Was zünftig sein sollte und auch Spaß machte, wurde nur bei der Hygiene problematisch: es gab in jedem Saal nur ein Waschbecken, und wie auf Verabredung bekamen wir fast alle unsere Tage. Ausgerechnet Christa, die immer energisch betritten hatte, daß einer von uns etwas mit Kriegserinnerungen anfangen könnte, sprach meine Gedanken aus: „Wie muß das schlimm gewesen sein, wenn die Leute im Krieg in Massenquartiere mußten, wenn sie ausgebombt oder geflüchtet waren! Wir kennen uns ja alle, aber wenn ich mir vorstelle, mit ganz fremden Menschen muß man sich waschen und alles das!"

Gerade die Tapferkeit der Mütter konnte den Kindern zu schaffen machen. Tapfer trugen sie ihr Flüchtlingsschicksal oder ihr Schicksal als Kriegerwitwe, entschlossen, die Kinder nicht so ohne weiteres merken zu lassen, wie schwer ihnen oft zumute war. Man machte derlei mit sich selbst aus. Margret und ich spielten immer zusammen. Margret hatte keinen Vater. Er war gefallen, als sie noch ein Baby war. Sie ging zur Ersten heiligen Kommunion und stand nach der Kirche, in dem weißen Kleid und mit dem weißen Kränzchen, in der bescheidenen Dachwohnung ihrer Mutter, der Kriegerwitwe. „Wenn das der Papa doch erlebt hätte!" sagte eine Verwandte. Margrets Mutter umarmte ihre Tochter. „Der Papa war die ganze Zeit dabei!" sagte sie mit fester Stimme, durch die die unterdrückten Tränen hindurchklangen.

In der Pubertät bekam Margret Depressionen. Sie weinte manchmal zwei, drei Tage lang und konnte nicht zur Schule gehen. Ihre Mutter unterhielt sich mit meiner Mutter darüber. Man konnte keine rechte Ursache finden; in der ganzen Familie hatte niemand etwas Derartiges. Am besten ließe man sie ganz in Ruhe, hatte der Arzt der Mutter geraten. Auch die Margret ist eine tüchtige Frau geworden.

Die Witwenschaft, die die Mütter tapfer meisterten, hatten die Töchter irgendwann auszutragen; Margret war ein gutes Beispiel dafür. Die Opfer der Mütter wirkten; irgendwann kamen die unbewußten

Schuldgefühle der Kinder zum Ausbruch. Aber auch da, wo die Väter zurückgekehrt waren aus dem Krieg, waren die Familien belastet. Der Krieg hatte den Männern zugesetzt. Eheprobleme traten auf. Man ließ sich nach außen hin nicht viel anmerken. Die Konflikte blieben unterschwellig, zeigten sich nur in Gereiztheiten und gelegentlichem Schwarzsehen.

Aber dennoch wirkten sie. Angesichts der Versagungen der Mütter konnte man Leben und Glück nicht so ohne weiteres in Anspruch nehmen. Verzichte drängten sich auf. Die Fluchtkinder, die ihren Müttern so viel Sorge verursacht hatten und ihnen daher besonders verbunden waren, hatten wohl besonders Grund dazu. René Spitz meint auch hier die Vorgänge der Psyche der Frau, unabhängig von äußeren Umständen, wenn er feststellt, was zweifellos auch für die Fluchtkinder gelten kann: „Die Tatsache, daß die Schwangerschaft ihr (der Mutter) Unbehagen verursacht hat, die Entbindung mit Schmerzen verbunden war und das Stillen sowohl Opfer wie Freude bedeutet, geht direkt oder indirekt in ihre Gefühle für das Kind ein ... Es ist also nicht überraschend, daß jenes Kind, das der Mutter mehr Leid und Angst verursacht hat als die andern, leicht das am zärtlichsten geliebte wird" (René Spitz, a. a. O., S. 216).

Hinzu kamen wohl auch unbewußte Erwartungen, nicht nur von der Mutter, sondern auch von anderen: ein Kind, das mit so viel Not geboren und großgezogen worden war, war sicherlich zu etwas Besonderem ausersehen, wenn nicht anders dazu, der Mutter einmal das sichere Gefühl zu geben, wie gut es doch sei, gerade dieses Kind zu haben. Irgendein Sinn muß doch in all diesen schicksalhaften Umständen liegen.

Wenn das Fluchtkind all das erspürte, konnte der Mutter manches nicht „angetan“ werden, was eigentlich zu der normalen Entwicklung eines Kindes gehört. Sie konnte z. B. nicht verlassen, alleingelassen werden. Die von der Flucht her tiefsitzenden Trennungsängste traten immer wieder hervor. „Von meinen Kindern ließ ich mich nicht trennen!“ erzählte meine Mutter Jahre später. „Als die Erika (meine Schwester) die schwere Lungenentzündung hatte, in Dänemark im Lager, sollte sie in ein Krankenhaus gebracht werden. Es stand schon ein Krankenwagen vor der Tür. Aber ich ließ sie nicht mit! Bloß nicht die Kinder aus der Hand geben!“ Das Entsetzen wurde noch Jahre später deutlich bei derartigen Erzählungen, ebenso bei der Schilderung von Kindern, die auf der Flucht ihre Eltern verloren hatten und nun verzweifelt dastanden.

Aber derartige Erzählungen waren gar nicht nötig. Auch ohne sie bestand die Trennungsangst. Der Gedanke, in ein Kinderheim zur Erholung gebracht zu werden, wurde erst gar nicht ausgedacht. Die Trennung wäre unvorstellbar gewesen, Heimweh und schwere Krankheiten wären unabdingbar erwartet worden. Man hätte es ausprobieren müssen, man hätte das Risiko wagen müssen, vielleicht...

Natürlich war es schon gar nicht möglich, wegzugehen, auszuziehen, ein eigenes Leben zu führen. Jede weitere Station im Leben mußte so geregelt werden, daß die Mutter nicht vernachlässigt oder gar verlassen wurde. Schule, Studium, Beruf wurden zu Koordinaten um diesen Fixpunkt. Dadurch „ging“ manches nicht. Aber der umgekehrte Weg: sich fortzubegeben, alles hinter sich zu lassen, war erst recht nicht begehbar.

Hier hat niemand „Schuld“ an der einen oder anderen Entwicklung. Die schicksalhaften Gegebenheiten waren so beschaffen, daß beide Seiten ihnen unterworfen waren. Anderen Fluchtkindern wird es genau anders ergangen sein, wie es ja auch die entgegengesetzte Ortsgebundenheit zeigt, die oben beschrieben wurde. In einem Fall kehrte die Mutter zwei Jahre nach Kriegsende nach Ostpreußen zurück und übernahm mit ihrem Mann zusammen den Hof; das Fluchtkind ging dreißig Jahre später mit dem Ehemann in den Westen, ein Gegenbeispiel also für die oben beschriebene Unmöglichkeit der räumlichen Trennung. Diese Mutter hatte eben andere Erwartungen und Hoffnungen für ihr Kind, die sie jedoch mit Sicherheit ebenso deutlich, wenn auch unbewußt, mitgeteilt haben wird.

Von all diesen Betrachtungen, Überlegungen, Vermutungen bleibt eigentlich nur ein Ergebnis: derartige Umstände wie eine Geburt auf der Flucht führen, so oder so, zu einer besonderen Bindung zwischen Mutter und Kind. Das mag ein Problem sein, eine Behinderung für das Kind und eine Belastung für die Beziehung zwischen beiden, das kann aber auch eine große Chance sein. Beide, Mutter und Kind, entwickeln eine besondere Sensibilität, auch für die Bedürfnisse anderer Menschen. Wenn das Fluchtkind ein „tüchtiger“ Mensch geworden ist, so sollte die Betonung auf „Mensch“ liegen. Urerfahrungen menschlicher Not, Angst und Hilfe haben gewiß eine ausgeprägte Mitmenschlichkeit bei ihm wachgerufen.

Stunde Null und danach

Band 1
Ich sage die Wahrheit
(Dr. Wolf)
144 S., br., 14,80 DM
ISBN 3-7921-0269-2

Band 2
Führt noch ein Weg zurück
(H. Rosin)
250 S., br., 14,80 DM
ISBN 3-7921-0270-6

Band 3
Briefe aus dem Spatzengarten
(E. v. Lölhöffel)
220 S., br., 14,80 DM
ISBN 3-7921-0284-6

Band 4
Decke und Brot
(Lo Warnecke)
180 S., br., 14,80 DM
ISBN 3-7921-0289-7

Band 5
Lager 6437
(H. Rauschenbach)
180 S., br., 14,80 DM
ISBN 3-7921-0299-4

Band 6
Hamburg '45
(E. A. Hoffmann)
160 S., geb., 9,80 DM
ISBN 3-7921-0312-5

Band 7
Ungeladene Gäste
(A. Gammelgaard)
180 S., br., 16,80 DM
ISBN 3-7921-0314-1

Band 8
Auf der Flucht geboren
(Dr. Beutner)
176 S., br., 16,80 DM
ISBN 3-7921-0318-4

Verlag Gerhard Rautenberg

2950 Leer · Tel.: 0491/4142 · Postfach 1909

Die ostpreußische Tragödie 1944/45

Eine Dokumentation vom Schicksal einer deutschen Provinz

80 Seiten,
Schutzumschlag
Format 24 x 32 cm
ISBN 3-7921-0326-5